**연약한 인생이 주님께서
피로 값 주고 사신 영광스러운 교회의
리더가 된다는 것**

_____ 님께

_____ 드림

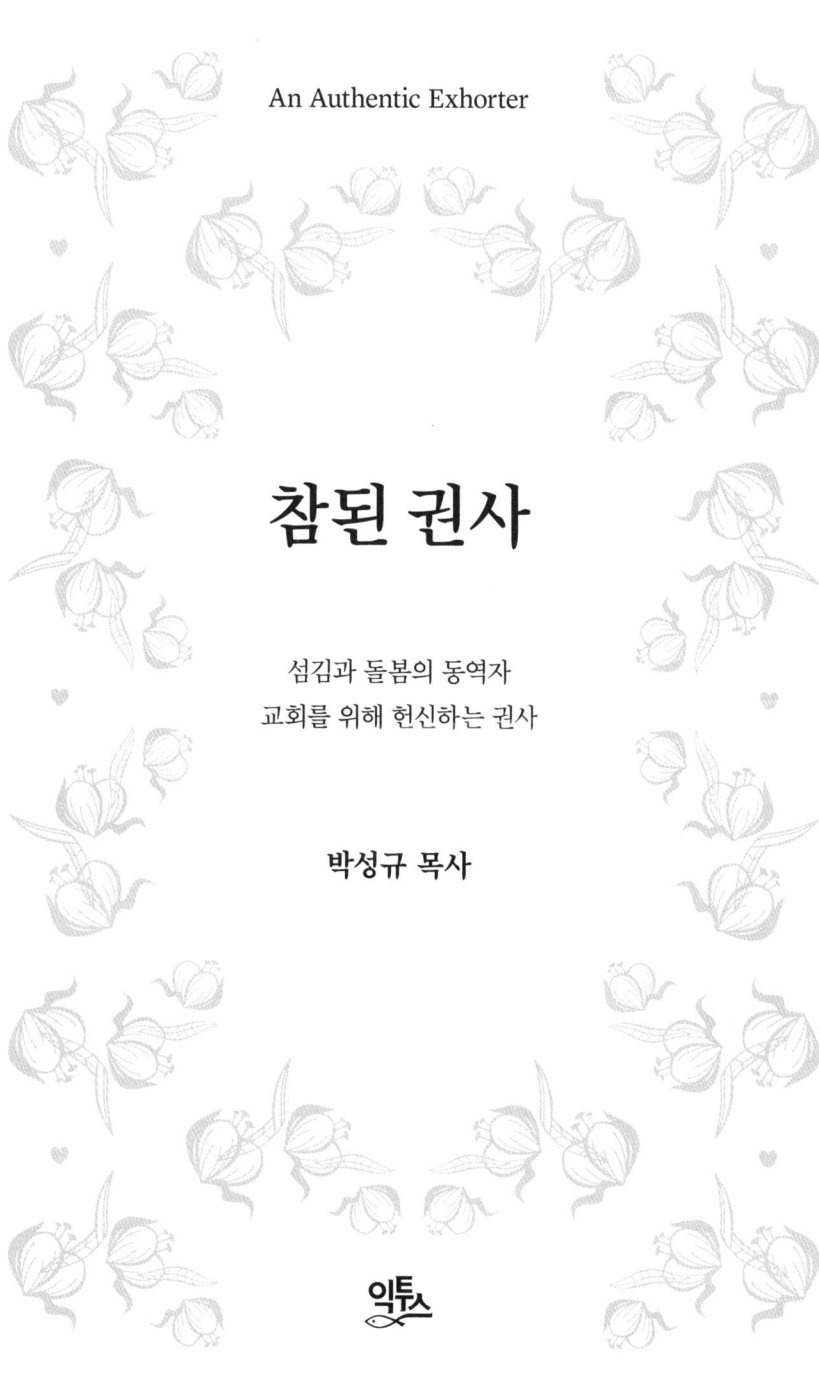

An Authentic Exhorter

참된 권사

섬김과 돌봄의 동역자
교회를 위해 헌신하는 권사

박성규 목사

익투스

차례

저자 서문 | 8

1부 권사와 교회

1장
성경적 교회 이해 14
교회의 명칭을 통한 교회 이해 | 15   교회의 속성과 표지를 통한 교회 이해 | 24

2장
성경적 교인 이해 36
그리스도 안에서 한 몸이다 | 36   그리스도 안에서 한 가족이다 | 38   의인인 동시에 죄인이다 | 39   공사 중이다 | 40   아군이다 | 41

3장
성경적 교회 현장 이해 43
신본주의와 인본주의가 충돌하는 현장 | 43   성경적 가치관과 세속적 가치관이 충돌하는 현장 | 46   헌신과 안일이 충돌하는 현장 | 50   젊은 세대와 기성세대가 충돌하는 현장 | 55

2부 권사의 직분

1장
권사직 이해 64

권사라는 용어 | 64　한국교회 권사직의 출발 | 65　성경에 권사 역할을 한 사람들 | 70　한국 교회사에 모범이 되는 권사 | 80

2장
권사의 자격 87

총회 헌법이 말하는 권사의 자격 | 87　성경이 말하는 권사의 자격 | 88

3장
권사의 역할 98

총회 헌법이 말하는 권사의 역할 | 98

"너희가 내 안에 거하고 내 말이 너희 안에 거하면
무엇이든지 원하는대로 구하라 그리하면 이루리라"

(요. 15:7)

3부 권사의 사역

1장
권사 사역의 본질 116
하나님을 알아가는 권사 | 116 하나님을 사랑하는 권사 | 124 하나님을 경외하는 권사 | 132

2장
권사 사역의 기능 137
당회가 해야 하는 심방을 대신 한다 | 137 언어생활에 모범이 되어야 한다 | 148 제직 회원의 역할을 감당해야 한다 | 150

3장
권사 사역의 엔진 그리고 출발점과 종착점 153
튼튼한 엔진 | 153 권사 사역의 출발점인 가정 | 156 권사 사역의 종착점인 일터 | 159 참된 권사, 끝까지 열매 맺기 위한 다짐 | 168 참된 권사가 피해야 할 것들 | 174

부록
용어 설명 | 184 권사 서약의 의미 | 186 권사의 대표 기도 | 190 권사의 회의법 | 197

미주 | 202

저자 서문

 눈을 감으면 떠오르는 권사님들이 계십니다. 새벽을 깨우며 기도하시던 권사님, 밤을 지새우며 기도하시던 권사님입니다. 한국교회는 그런 권사님의 기도로 세워졌습니다. 어려움을 당한 성도들의 가정을 심방하며 음식을 전해주시던 권사님, 무더운 여름에 성경학교에 오는 어린이들을 위해 식사와 간식을 만들어 주시던 권사님, 변변한 기도원이나 수양관이 없던 시절, 시골의 분교(分校)로 여름 수련회를 가면, 거기서 가마솥을 걸고 식사를 준비해 주시던 권사님, 그분들이 만들어 준 밥을 먹고 오늘의 목사도 되었고, 평신도 지도자도 되었습니다. 그처럼 희생적으로 주님의 몸 된 교회를 위해 헌신하신 권사님들께 이 책을 헌정(獻呈)합니다.
 하나님께서는 한국교회의 부흥과 성장에 권사님들을 아주 소중하게 사용하셨습니다. 오늘 이 책을 읽는 권사님이 그런 귀한 분들의 계승자가 될 것을 기대합니다. 사실 제가 열 살 되던 해에 아버님이 돌아가시고 상실감에 사로잡혀 1년간이나 교회에 가지 않고 있을 때 저를 건져내신 분도 권사님이십니다. 한 분의 권사님이 얼마나 소중한지 저는 너무도 잘 압니다.

이 책은 이미 권사가 되신 분들이 자신을 돌아보고 더 나은 권사가 되게 하고, 또 권사가 되실 분들이 그 직분에 합당한 권사가 되어지게 하려고 나아가 이것을 교재로 교회에서 권사 교육을 하도록 썼습니다. 이를 위해 주(註)를 성실하게 달아, 더 깊은 연구를 위해 근거를 찾아보거나 원자료를 찾으시는 분들, 이 책으로 임직자 교육을 하시는 목사님들에게 도움이 되도록 하였습니다.

이 책은 3부로 구성되어 있습니다.

먼저 1부에서는 권사와 교회에 대하여 다룹니다. 권사가 일생을 섬길 교회는 성경적으로 어떤 곳이며, 그곳에서 함께 하나님을 섬기는 교인들은 어떤 분들인지, 권사가 섬길 교회의 현장은 어떤 곳인지를 다룹니다.

2부는 권사의 직분에 대해서 다룹니다. 권사의 직분에 대한 이해와 더불어 권사가 되기 전에 갖추어야 할 자격이 무엇인지 살펴봅니다. 어떤 점에서 이 자격은 권사가 된 후에도 노력해야 할 부분입니다. 그리고 교회 안에서 권사의 역할을 다룰 것인데, 여기에는 제가 만난 권사님들 가운데 모범이 되는 분들의 이야기를 생생하게 수록했습니다. 그 이야기를 통해서 권사로서 어떻게 섬겨야 할지를 배우게 될 것입니다.

3부는 권사의 사역에 대해서 다룹니다. 권사의 사역에는 어떤 본질이 있는지, 권사의 사역은 어떤 기능을 수행해야 하는지, 끝으로 권사 사역의 출발점과 종착점은 어디인지에 대해서 다룰 것입니다.

부록에는 용어 설명, 임직 예식에서 권사가 하나님과 교우들 앞에서 하는 서약의 의미, 권사가 하는 대표기도, 회의법을 실어놓았습니다. 권사로서 '예배 인도'에 관해서는 총회에서 최근에 발행한 『새표준예배·예식서』를 참고하시면 좋겠습니다.

　부족하나마 이 책이 이미 권사가 되신 분들과 권사로 피택되어 임직 교육을 받으시는 분들, 언젠가 권사가 되실 분들에게 조금이라도 유익이 되길 바라며 모든 영광을 주님께 올려드립니다.

2024년 4월
총신대학교 총장
박성규 목사

1부
권사와 교회

교회란 무엇입니까?

교회에 대해서 성경은 무엇을 말하고 있을까요?

성경에 나타난 교회에 대한 명칭과 교회의 속성 및

표지를 통해 교회를 이해해 보겠습니다.

1장
성경적 교회 이해

 교회란 무엇일까요? 교회를 생각할 때 혹시 빨간 벽돌로 지은, 십자가와 종탑이 있는 건물을 떠올리지 않습니까? 그것은 예배당이지 교회라고 할 수 없습니다. 교회가 예배당을 소유하고 사용할 수는 있어도 예배당 자체가 교회는 아닙니다. 교회는 구원받은 사람입니다.[1] 구원받은 성도들이 모인 공동체가 바로 교회입니다.

 칼빈은 교회의 중요성을 이렇게 말합니다. "하나님을 아버지로 모신 자에게 교회는 그의 어머니가 된다."[2] 교회가 성도의 어머니가 된다는 것을 칼빈은 이렇게 부연해서 설명합니다. "신자들의 어머니로서 눈에 보이는 교회 … 우리는 교회를 배워야 합니다. 이 어머니가 우리를 임신하고, 출산하고, 그 가슴에서 우리에게 영양을 공급하지 않는 한,

결국 교회가 우리를 보살피고 지도하지 않는다면, 우리는 생명에 들어갈 수 있는 다른 길이 없고, 죽을 육신을 벗고 천사처럼 될 수 없기 때문입니다(마 22:30). …더 나아가 교회의 품을 떠난 사람은 이사야(37:32)나 요엘(2:32)이 증언한 것처럼 어떤 죄의 용서나 어떤 구원도 소망할 수 없습니다."3)

교회는 이렇게 소중한 것입니다. 이처럼 소중한 교회에 대해서 성경은 무엇을 말하고 있을까요? 성경적 교회 이해를 두 가지로 접근하여 설명해 보겠습니다. 먼저는 교회의 명칭을 통해서, 다른 하나는 교회의 속성과 표지를 통해서 알아봅니다.

교회의 명칭을 통한 교회 이해

성경에 나타난 교회의 명칭은 교회가 어떤 것인지를 잘 보여줍니다. 신구약에 나타난 교회의 명칭을 보면서 더 깊이 있게 교회를 이해해 보도록 하겠습니다.

에다, 카할 | 구약성경에서 교회를 가리키는 히브리어 단어는 '에다'(עֵדָה)와 '카할'(קָהָל)입니다. 히브리어로 기록된 구약성경을 헬라어로 번역한 70인역은 '에다'를 헬라어 '쉬

나고게'(συναγωγή, 신약성경에서는 회당)로, '카할'을 '에클레시아' (ἐκκλησία, 신약성경에서는 교회)로 번역했습니다.

'에다'는 '이스라엘 회중'을 가리키며(출 12:3)[4] '카할'은 '일반적인 모임, 집회, 회중'을 뜻하는데(출 12:6; 신 9:10), 구약성경에서 '에다'와 '카할'은 다 이스라엘 회중을 가리키는 말로 사용되었습니다. 그리고 시간이 지나면서 '에다'보다 '카할'이 더 많이 사용되었습니다. 구약시대의 이스라엘은 하나의 민족이었지만, 동시에 하나님을 섬기는 구약의 교회였습니다(행 7:38). 한편 신약의 교회는 새 이스라엘입니다(갈 6:16). 참된 권사는 교회가 하나님께서 불러서 모은 회중이기에 하나님의 통치를 받는 공동체임을 믿고 추구하는 사람입니다.

쉬나고게, 에클레시아 | 신약성경에서 헬라어 '쉬나고게'(συναγωγή, 회당)는 대체로 유대인이 종교적 모임과 그 모임을 위해 모이는 장소나 건물을 가리키는 말이었습니다(마 4:23). 한편 신약성경에서 교회를 지칭하는 가장 중요하고 보편적인 용어는 헬라어 '에클레시아'(ἐκκλησία)였습니다. 신약성경에서 "에클레시아는 사실상 하나님에 의해 세상에서 부름을 받은 사람들의 모임입니다." 또한 "그리스도인들의 몸으

로서 교회"를 의미합니다.[5)]

원래 이 단어는 고대 그리스 시대에 정치와 공적인 일을 처리하기 위하여 각자의 처소에서 부름을 받고 나온 자유 시민들의 모임, 곧 민회(民會)를 의미했습니다. 그리스의 민회(에클레시아)는 마을 대표로 모인 후, 회의가 끝나면 마을로 돌아가 그 회의 내용을 전달하는 역할을 했습니다. 이처럼 신약의 교회(에클레시아)는 예배가 끝나면 다시 흩어져 들어가 이웃을 사랑하며, 교회만이 가지고 있는 소중한 복음을 전파해야 합니다. 참된 권사는 교회의 두 가지 방향, 즉 모이는 교회이면서 흩어지는 교회를 알고 믿으며 그렇게 사는 사람입니다.

퀴리아코스 | 교회(church)라는 단어는 '주께 속하였음'을 의미하는 헬라어 '퀴리아코스'(κυριακός)에서 나왔습니다.[6)] 이 단어는 교회의 주인이 누구인지 잘 보여줍니다. 교회는 사람의 소유가 아닙니다. 설립자나 목회자나 오래 다닌 성도의 소유가 아닙니다. 교회는 주님의 소유입니다. 오직 예수 그리스도께서 주인 되신 교회가 성경이 말하는 교회입니다(마 16:18). 참된 권사는 교회에서 주인 노릇을 하지 않는 사람입니다. 오직 예수 그리스도만이 교회의 주인이심

을 알고 철저하게 종의 위치에서 섬기는 사람이 참된 권사입니다.

그리스도의 몸 | 성경이 교회를 그리스도의 몸이라고 비유한 것은 교회가 그리스도와 유기적(有機的 : 생물체처럼 전체를 구성하고 있는 각 부분이 밀접하게 연결되어 서로 돕는 것)으로 연합되어 있음을 의미합니다. 그리스도와의 연합을 충만하게 누릴 때 교회는 풍성한 생명력을 가집니다. 영적 교제를 통하여 영적인 혈류가 통하듯이 영적 양식을 공급받아야 합니다. 머리와 몸의 혈류가 막히거나 몸의 신경이 끊어질 때 몸은 비정상이 됩니다. 그리스도의 몸인 교회도 마찬가지입니다. 머리 되신 그리스도의 지시를 받고 순종해야 건강한 몸, 활력 있는 몸이 됩니다(골 1:18; 엡 4:16). 교회는 그리스도의 몸이기에 함께 지체(肢體, limb 또는 part)가 된 우리는 서로를 돕고 존중하여 성장해 가야 합니다(고전 12:12-27). 참된 권사는 예수 그리스도뿐 아니라 모든 성도와 유기적 관계를 유지하여 그들이 성장하도록 돕는 사람입니다.

성령의 전, 하나님의 전 | 신약성경은 교회를 '성령의 전(殿)' 또는 '하나님의 성전(聖殿)'이라고 부릅니다. 구약시대에

하나님께서는 지상의 성소에 계셨지만, 신약에서 하나님의 임재의 초점은 건물이 아니라 하나님의 백성들입니다. 성령이 우리 가운데 거하신다는 것은 대단히 중요한 의미가 있습니다. 우리는 성령의 전이기에 거룩한 삶을 살아야 합니다(고전 3:16; 6:19).[7] 참된 권사는 성령님의 임재를 경험하는 성전의 삶을 사는 사람입니다.

하나님의 백성, 하나님 나라 | '하나님의 백성'인 교회는 왕이신 하나님의 통치를 받습니다. 좋은 교회는 왕이신 하나님의 말씀에 절대 순종하는 교회입니다. 그런데 교회는 하나님 나라의 전부가 아닙니다. 오히려 세상 속에서 하나님 나라가 이루어지게 하는 수단이며 하나님 나라를 보여주는 그림자입니다. 그림자를 보고 실체를 알듯이 세상은 교회를 통해 하나님의 통치하심과 하나님이 통치하실 때 나타나는 은혜를 보게 됩니다. 그래서 개혁신학자인 헤르만 바빙크 박사는 이렇게 말했습니다. "교회는 하나님 나라의 유익을 나누어주고 하나님 나라의 완성을 준비하는 수단입니다(행 2:46)."[8] 그러므로 좋은 교회는 왕이신 하나님의 통치에 잘 순종하는 성도가 많은 교회이며, 동시에 세상 속에서 시민으로 살아가면서도 하나님을 왕으로 모시

고 사는, 즉 순종하여 하나님의 통치가 이루어지게 하는 성도가 많은 교회입니다. 참된 권사는 하나님의 통치를 받아 그 통치가 자신의 가정과 일터에도 임하게 하는 사람입니다.

거룩한 신부 | 교회의 생명은 거룩에 있습니다. 하나님은 교회를 향하여 거룩하라고 말씀하십니다. 출애굽은 신약으로 보면 구원을 보여주는 사건입니다. 하나님께서는 구원의 목적을 이렇게 말씀하십니다. "나는 너희의 하나님이 되려고 너희를 애굽 땅에서 인도하여 낸 여호와라 내가 거룩하니 너희도 거룩할지어다"(레 11:45).

신약에서 베드로 사도도 우리를 구원하신 목적이 거룩이라고 말씀하십니다. "오직 너희를 부르신 거룩한 이처럼 너희도 모든 행실에 거룩한 자가 되라 기록되었으되 내가 거룩하니 너희도 거룩할지어다 하셨느니라"(벧전 1:15-16).

구약성경은 끊임없이 구약의 교회인 이스라엘 백성의 우상숭배를 지적합니다. 여호와 하나님이 아닌 것을 하나님처럼 섬기는 것이 바로 우상숭배입니다. 우상숭배는 예배의 거룩이 깨진 것입니다. 예배의 거룩이 깨지면 반드시 도덕적 타락으로 이어졌습니다. 성적 타락, 돈과 쾌락의 숭배,

권력에 중독되는 양상으로 나타났습니다. 이런 우상숭배와 그 결과인 타락에 대해 지적하는 말씀이 선지서에 많이 나옵니다.

성경에서 하나님은 우리 모든 성도 즉 남자와 여자 성도를 모두 영적으로는 아내라고 말씀하십니다. 이것은 성적인 의미가 아니라 독점적 사랑의 의미에서의 아내입니다. 친구는 여러 명이 있을 수 있지만, 아내 또는 남편은 여러 명이 있을 수 없습니다. 만약 어떤 남편이 다른 여자와 데이트하는데 그 아내가 "당신은 많은 사람을 사랑해야 하는 사명을 가지고 태어난 사람이니까 내가 그 정도는 이해할게"라고 말할 수 있을까요? 절대로 그런 일은 일어나지 않습니다. 만약 어떤 아내가 다른 남자와 눈이 맞아 데이트한다면, 그 남편이 "내 아내는 정말 멋진 여성이라서 나 한 사람만 사랑하기엔 너무 아까워. 많은 남자의 사랑을 받아야 해. 그래도 나는 아무 문제없어. 난 괜찮아." 이렇게 말할까요? 절대로 그런 일은 없습니다. 부부관계는 독점적이기 때문입니다.

하나님께서 우리를 그렇게 독점적으로 사랑하기를 원하십니다. 이것을 신명기 4장 24절은 이렇게 말씀합니다. "네 하나님 여호와는 소멸하는 불이시요 질투하시는 하나님이

시니라." 여기서 질투하신다는 말은 하나님이 쩨쩨하다는 뜻이 아니라 우리와 독점적 사랑을 나누길 원하신다는 뜻입니다. 하나님은 우리가 다른 신이나 다른 존재를 하나님처럼 섬기기를 원치 않으십니다. 그분만이 참 신이요, 창조주이시기 때문입니다.

그렇다면 교회의 생명력인 거룩을 깨뜨리는 현대인의 우상숭배는 무엇일까요? 카일 아이들만 목사님이 쓴 『거짓 신들의 전쟁』에 보면, 현대인들이 섬기는 우상숭배를 이렇게 말합니다.

첫째, 현대인은 음식의 신을 섬기고 있습니다. 음식에 지나친 관심을 가지고 있는 사람들을 말합니다. 이들은 식당 이름, 위치, 메뉴, 요리의 질, 다음번 외식 계획을 수첩에 기록해 놓고 있습니다.[9]

둘째, 섹스의 신을 섬기고 있습니다. 섹스 즉 성은 하나님이 주신 선물입니다. 그러나 하나님이 허락하신 배우자가 아닌 사람과의 성관계는 우상숭배에 빠지는 것입니다.[10]

셋째, 오락의 신을 섬기고 있습니다. 스포츠, 영화, 음악, TV, 비디오 게임에 빠지는 것, 카톡 같은 소셜 네트워크에 바치는 시간이 많은 것, 이것이 오락의 신에 빠진 것입니다.[11]

넷째, 성공의 신을 섬기고 있습니다. 성공의 신은 단지 돈을 많이 버는 것만이 아닙니다. 명성을 얻는 것, 영향력을 행사하는 것, 승진하는 것 등이 관계되어 있습니다.[12]

다섯째, 돈의 신을 섬기고 있습니다. 돈을 벌기 위해 하나님 사랑과 이웃 사랑을 포기한다면 그는 돈의 신을 섬기고 있는 것입니다.[13]

여섯째, 성취의 신을 섬기고 있습니다. 선반 위의 트로피, 훈장, 메달, 성적표, 수료증, 학위 등이 우상이 될 수 있습니다. 과잉 성취가 되면 우상이 됩니다.[14]

일곱째, 로맨스의 신을 섬기고 있습니다.[15] 배우자가 아닌 다른 사람에게 연애 감정을 느끼는 것입니다. 그것은 바람처럼 헛된 것입니다. 불륜의 신을 섬기는 것입니다.

여덟째, 가족의 신을 섬기고 있습니다. 하나님보다 가족을 더 사랑하면 우상숭배가 될 수 있습니다. 아브라함은 100세에 낳은 아들까지도 하나님 다음으로 사랑했습니다.[16]

아홉째, '나'라는 신을 섬기고 있습니다. 하나님의 뜻보다 내 생각이 우선이고 하나님께 영광을 돌리기보다 내가 영광 받기를 원한다면 이것은 나를 숭배하는 것입니다.[17]

이 시대의 아홉 가지 우상숭배를 소개했습니다. 이것은 순결한 신부인 교회의 모습이 아닙니다. 그러나 안타깝게도 적지 않은 권사와 성도들이 이러한 우상숭배에 빠져 있습니다. 임직받는 권사는 늘 스스로 자신을 돌아보며 우상을 제거하는 삶을 살아야 합니다. 그럴 때 권사 자신과 교회가 하나님의 더 큰 은혜와 사랑을 경험할 것입니다.

교회의 속성과 표지를 통한 교회 이해

교회의 속성과 표지는 참된 교회를 보여주는 모습입니다. 우리가 섬기는 교회가 이런 속성과 표지를 가지고 있을 때 하나님께서 설계하신 교회가 되어가고 있다고 말할 수 있습니다.

교회의 속성 | 사도들이 세상을 떠나자, 예수님께 직접 가르침을 받은 사도의 가르침에서 벗어나는 무리가 생겼습니다. 초대교회 지도자들은 교회가 변질되는 것을 막기 위해 참된 교회를 규정할 수 있는 속성(attributes)을 정리해야 했습니다. 속성은 교회가 가져야 할 본질적인 성격 또는 특징을 말합니다. 이러한 성격, 특징을 가지고 있어야 성경적인 교회라고 할 수 있습니다.

① 통일성

교회를 교회 되게 하는 첫 번째 속성은 통일성(unity)입니다. 그리스도의 몸인 교회는 오직 하나이며 하나의 거룩한 백성입니다. 교회의 하나 됨은 교회의 머리이신 그리스도에게서 옵니다. 교회는 그리스도와 연합되어 있기에 하나입니다(엡 4:1-16).

교회는 지역마다 문화권마다 다양성을 가질 수 있지만, 근본적으로 그리스도와 한 몸이기에 통일성을 갖습니다. 교회의 통일성은 교회의 속성이자 사명입니다. 예수 그리스도의 은혜와 성령의 교통하심 안에서 성도는 하나 됨을 경험합니다. 교회는 성령의 하나 되게 하심을 힘써 지켜야 합니다. 예수님께서는 교회의 하나 됨을 위해 기도하셨습니다(요 17:11).

교회의 통일성은 획일성(uniformity)과 다릅니다. 통일성은 다양성을 존중하며 하나 되는 것이나, 획일성은 다양성을 무시하며 하나 되는 것입니다. 획일성은 몸의 원리에 위배됩니다. 교회의 통일성은 다양한 성도가 머리이신 그리스도께 순종함으로 하나 되는 것입니다.[18]

칼빈은 이렇게 말했습니다. "교회는 보편적으로(저자 주 : 모든 교회가 하나로) 부름을 받습니다. 그리스도께서 찢어질 수 없는 것처럼 교회는 둘 또는 셋으로 나누어질 수 없기 때문입니다(참조, 고전 1:13). 그런 일은 일어날 수 없습니다. 그래서 모든 택자는 그리스도 안에서 연합되어 있습니다(참조, 엡 1:22-23). 하나의 머리에 속해 있습니다. 또한 그들은 몸의 지체로서(롬 12:5; 고전 10:17; 12:12, 27) 함께 연결되고 접합되어 하나의 몸으로 성장합니다(참조, 엡 4:16). 그들은 하나의 믿음, 소망, 사랑 그리고 동일한 성령 안에서 함께 살고 있기에 진정으로 하나가 되었습니다."[19)

이것이 바로 통일성입니다. 참된 권사는 그리스도 안에서 하나 된 교회를 추구합니다.

② 거룩성

교회는 구원받고 거룩해진 성도들의 모임이기에 거룩(holiness)합니다. 거룩의 기본적 의미는 구별, 분리입니다. 교회가 거룩하다는 것은 교회가 세상으로부터 구별되었다는 것입니다. 교회는 세상 속에 있으면서도 세상에 속하지 않은 구별된 공동체입니다. 구별되었다는 것은 죄로부터, 죄악된 세상의 문화와 시스템으로부터 구별된 것을 말합니다(요 15:19; 벧전 1:15-16).

거룩은 교회의 본질이며 사명입니다. 교회는 거룩하게

된 공동체인 동시에 거룩해져야 하는 공동체입니다. 거룩성은 교회가 세상으로부터 구별되어 그리스도께 헌신된 공동체임을 강조합니다.[20] 교회의 능력은 거룩에 있습니다. 거룩을 잃어버린 교회는 맛 잃은 소금처럼 버려지고 세상에 밟히게 됩니다. 참된 권사는 거룩을 추구합니다.

③ 보편성

교회의 보편성(catholicity or universality)은 사도신경에 나옵니다. 헬라어 사도신경에는 "성령을 믿사오며 거룩한 공회"[21]라고 되어 있습니다. 공회(헤 카톨리케 에클레시아, ἡ καθολικὴ ἐκκλησία)에서 '공'을 의미하는 '카톨리코스'(καθολικός)[22]는 '일반적인'(general), '보편적인'(universal)이란 뜻입니다. 공회(공교회)란 보편적 교회를 뜻합니다. 공회는 개교회와 대조되는 보편적인 교회입니다(the universal church in contrast to a single congregation).[23] 보편적 교회(공회)는 예수 그리스도만이 유일한 교회의 머리라고 믿는 모든 교회가 하나라는 뜻입니다. 형제교회라는 뜻입니다. 우리 교회만이 아니라 예수 그리스도를 머리로 한 모든 교회가 함께 동역하여 우리 고장, 대한민국, 나아가 전 세계에 하나님 나라가 임하도록 해야 합니다. 우리 교회가 속한 노회와 총회를 섬기는 것이 포함됩니다. 참된 권사는 자신이 속한 교회만이 아니라 노회, 총회, 참된 신앙고백을 하는 교회 연합회에 적극 참여하고 섬깁니다.

④ 사도성

사도성(apostolicity)의 바른 의미는 예수님께서 사도들을 세상에 보내시고 그들의 터 위에 그의 몸 된 교회를 세우셨다는 데서부터 시작됩니다(요 20:21; 엡 2:20). 사도(使徒)들은 부활하신 주님을 처음으로 목격한 증인으로서 모든 족속에게 복음을 증거하기 위해 예수님으로부터 직접 보냄을 받은 사람들입니다.

사도직은 반복될 수 없습니다. 초대교회에 국한된 직분입니다. 사도직을 어느 개인이 대신하거나 대표할 수 없습니다. 로마 가톨릭이 사도직을 교황 개인이 계승한다고 하는 것은 큰 오류입니다. 사도는 더 이상 존재하지 않습니다. 사도의 교훈과 사역이 남아 있을 뿐입니다. 사도의 교훈은 신약성경이며 사도의 사역은 소수의 개인이 아닌 전체 교회가 계승합니다.[24]

교회는 교회만을 위해 존재하지 않습니다. 이것이 사도성입니다. 세상 사람들을 하나님의 은혜와 긍휼로 사랑하고 섬기며 마침내 그들을 구원하는 것이 교회의 사명입니다. 그래서 세상으로 가라고 주님께서 말씀하신 것입니다. 제자 훈련의 목적은 사도성을 실천하기 위함입니다. 가서 세상 사람들을 주님의 심장으로 사랑하고 주님의 손과 발이 되어 섬기고 마침내 구원하기 위해서 훈련받은 제자가 되어야 합니다. 나아가 교회는 세상의 어그러진 문화를 하나님의 뜻대로 사는 원래 인간의 모습으로 돌려놓기 위해 세상으로 가야 합니다. 세상의 병든 문화와 관습과 시스템을 치료하여 하나님의 통치가 임하는 세상을 만들기 위해 세상으로 가야 합니다. 그것이 사도성을 가진 교회의 모습입니다(마 28:19-20; 엡 1:10, 23). 참된 권사는 사도성을 실천하는 사람입니다.

이러한 교회의 속성을 가진 교회는 세상의 소망입니다. 부족함이 있을지라도 교회는 이 땅의 소망입니다. 이에 대해 한국의 대표적 지성인이었던 이어령 박사의 이야기를 들어봅시다. 그분이 오랫동안 거부하던 예수님을 개인의 구주로 믿고 난 다음에 쓴 책 『지성에서 영성으로』에 이런 글이 실려 있습니다.

"저에게 '왜 교회에 가는가?'라고 비난조로 묻는 사람들이 있지요. '당신은 지성인인데 집에서 찬송가 부르고 성경 읽고 기도하면서 책 읽으면 되지 무엇 때문에 사람들 앞에 나서서 예수 믿는 티를 내느냐'는 겁니다. 그럴 때 제가 하는 말이 있지요. '배가 고프면 어디에 가지?' '식당에', '뭔가 알고 싶을 때는?' '도서관에 가면 되지.' '심심하면?' '극장 가서 영화 보면 돼.' '몸이 아프면?' '병원에 가지', '그럼 먹어도 배고프고 마셔도 갈증 나고 놀아도 심심하고 배워도 답답하면 어디를 가나?' '그게 뭔데?' '배고픈 것처럼, 갈증 나는 것처럼 영혼이 굶주려 있을 때.' 그러면 아무 대답도 하지 못합니다. '그럴 때 가는 곳이 교회란 말이야.' 그러면 또 교회에 대한 욕을 합니다. 싸우고 소송하고 사교(邪敎) 같은 이상한 짓을 한다는 교회를 들어, 그런 데를 왜 가느냐고 합니다. 그때 나는 이렇게 말합니다. '식당이라고 다 맛있는 음식이 나오던가. 병원 간다고 다 의사가 명의라 병이 낫던가. 극장 가면 재미있는 명화만 트는가. 그래도 배고프면 식당을 찾아가듯이 모든 교회가 다 탈속하고 영적인 것은 아니지만 역시 영혼이 메마른 사람이 찾아갈 곳은 교회가 아닌가. 부패한 교회가 있다고 해서 교회에 가지 말라는 것은 병원 의사가 오진하여 죽었으니, 앞으로 병이 나도 병원에 가지 말라는 것과 같은 거지'라고 말합니다."[25]

맞습니다. 완전한 교회는 없지만, 교회는 그래도 영혼의 갈증을 해갈하는 샘이며, 인생의 궁극적 문제에 대한 답을 주는 곳입니다. 참된 권사는 이런 시각으로 교회를 바라보고 믿지 않는 사람을 설득할 줄 아는 사람입니다.

교회의 표지 | 교회가 참된 교회와 거짓 교회를 구분하는 것이 바로 교회의 표지입니다. 교회의 표지는 다음과 같은 것이 있습니다.

① 참된 복음의 바른 선포

이것은 종교개혁 시대에 매우 중요한 것이었습니다. 참된 복음의 바른 선포가 진짜와 가짜를 구분하였기 때문입니다.[26] 복음을 믿음으로만 구원을 얻는다고 가르치는가, 아니면 인간의 노력으로 얻는다고 가르치는가에 따라 진짜와 가짜가 구분됩니다.

루이스 벌코프 교수는 말씀의 바른 선포를 교회의 표지로서 강조합니다. "이것은 가장 중요한 교회의 표지입니다. 말씀의 참된 선포는 교회가 유지되기 위한 그리고 성도의 어머니가 되는 것을 가능하게 하는 위대한 수단입니다."[27]

복음의 정의와 기능을 잘 소개한 고린도전서 15장 1-4절에 보면, 복음은 예수 그리스도의 십자가와 부활을 믿음으로 얻는 구원이라고 정의하고 있습니다. 그러기에 복음의 기능은 우리 구원의 근거이며 신앙의 기초가 된다고 말합니다. 우리는 이 복음을 전하는 일을 부끄러워하지 말아야 합니다(롬 1:16). 갈라디아서 1장 6-8절에는 예수 그리스도 외에 구원자가 있다고 주장하면 곧 이단이라고 말하고 있습니다.

② 성례전의 신실한 시행

성례(聖禮, sacrament)는 거룩한 예식이라는 뜻입니다. 위대한 신학자인 어거스틴은 성례를 눈에 보이지 않는 은혜를 눈으로 볼 수 있게 하는 것이라고 했습니다.[28] 세례와 성찬만이 예수님께서 제정하신 성경적 성례입니다. 세례는 죄 사함을 통한 구원을 표시합니다. 성찬은 그리스도와의 연합을 표시합니다. 바르게 시행된 성례는 깊은 은혜를 경험하게 합니다(고전 11:23-30).

성례는 반드시 말씀에 근거하여, 합법적인 목회자에 의해, 참여할 자격이 있는 성도들에게 시행되어야 한다고 벌코프 교수는 말합니다. "성례는 말씀과 절대로 이혼할(역자주 : 분리될) 수 없습니다. 성례 자체로는 아무런 내용이 없기 때문입니다. 하지만 그 내용은 하나님의 말씀으로부터 나옵니다. 즉 성례는 사실상 말씀을 보이게 선포하는 것입니다. 성례는 또한 하나님께서 세운 제도를 따라, 성례에 참여할 자격이 있는 성도들과 그들의 자녀들에게, 말씀의 합법적인 목회자에 의해 시행되어야 합니다."29)

세례의 방식에는 세 가지가 있습니다. 살수법(撒水法, 물을 뿌리는 세례), 관수법(灌水法, 물을 붓는 세례), 침수법(浸水法, 물에 잠기는 세례)입니다. 물이 부족한 지역이나 매우 추운 지역에서 환자에게 세례를 줄 때 가장 좋은 방법은 살수법입니다. 이는 구약 결례법에도 맞습니다. 즉 살수법은 제물을 태운 재를 물에 넣고 우슬초로 그 물을 찍어 뿌림으로 정결 예식을 행했던 것의 연장선입니다. 중요한 것은 의미입니다. 죄 씻음을 받았다는 세례의 의미가 중요합니다.

성찬에 대해서 여러 주장이 있습니다. 로마 가톨릭교회는 화체설(化體說, transubstantiation)을 주장합니다. 성찬식에 사용되는 떡과 포도주가 실제로 예수님의 살과 피로 변화된다는 주장입니다. 마틴 루터는 공재설(共在說, Consubstantiation)을 주장합니다. 성찬식에 사용되는 떡과 포도주에 예수 그리스도의 영뿐만 아니라 부활하신 몸이 함께 계신다는 주장입니다.

울리히 츠빙글리는 기념설(記念說, Memorialism)을 주장합니다. 성찬식에는 예수 그리스도께서 영적으로나 육적으로 임재하지 않으며 성찬식은 단지 교회의 회중이 예수 그리스도의 죽으심을 기념하는 의식에 불과하다는 주장입니다.

존 칼빈은 영적 임재설(靈的 臨在說, Spiritual Presence)을 주장합니다. 성찬식 중에 예수 그리스도의 몸은 하나님 우편에 계시지만 성령님을 통하여 영적으로 임재하신다는 주장입니다. 이것이 가장 성경적 해석입니다.[30] 개혁교회는 존 칼빈의 영적 임재설을 따릅니다. 거기에 은혜의 수단으로서의 성찬이 있기 때문입니다. 성찬은 단순한 기념식이 아니라 성령님을 통하여 함께하시는 주님의 은혜를 경험하는 시간입니다.

③ 권징의 신실한 시행

권징(勸懲) 곧 징계는 형벌이 아닙니다. 이것은 올바른 신앙생활을 위한 회초리입니다. 이것을 통해 성도는 타락하지 않고 성화를 경험하게 되며 교회 공동체는 순결해집니다(마 18:15-17; 계 2:20, 24, 25). 벌코프 교수는 "권징의 신실한 시행은 교리의 순수성을 지키기 위해, 성례의 거룩함을 보호하기 위해 아주 필수적인 것입니다. 권징이 느슨한 교회들은 머지않아 그들의 교회 안에서 진리가 빛을 잃고, 거룩한 것이 오용되는 것을 보게 될 것입니다"[31]라고 말합니다. 교회는 적합한 권징을 시행해야 합니다.

참된 권사는 자신이 섬기는 교회가 이런 교회의 세 가지 표지, 즉 참된 복음의 바른 선포, 성례전의 신실한 시행, 권징의 신실한 시행이 이루어지도록 기도하는 사람입니다.

2장
성경적 교인 이해

 권사로서 함께 신앙생활을 하는 교인들을 성경적으로 이해하는 것은 매우 중요합니다. 그럴 때 성도들을 더 잘 섬길 수 있기 때문입니다. 성경적으로 교인은 어떤 사람입니까?

그리스도 안에서 한 몸이다

 성경은 우리가 그리스도 안에서 한 몸이 되었다고 말합니다. 고린도전서 12장 27절에 "너희는 그리스도의 몸이요 지체의 각 부분이라"고 했습니다. 하지만 우리는 지식적으로만 그리스도 안에서 한 몸을 이루고 있다고 생각합니다. 안타깝게도 교회 현장에서는 성도가 서로를 한 몸으로 생각하지 않는 것 같습니다. 우리는 자기 몸은 많이 아끼지만, 그리스도 안에서 한 몸 된 성도는 아끼지 않는 것 같습니다.

몸을 유기체라고 합니다. 유기체는 서로 돕는 관계를 말합니다. 실제로 우리 몸을 보면, 눈은 손을, 손은 입을, 위장은 심장을, 심장은 위장을 돕습니다. 성도도 서로를 잘 도와야 진정으로 행복한 교회가 됩니다. 우리는 그리스도 안에서 한 몸이요, 유기체이기 때문입니다. 그런데 우리는 교회에서 정말 그렇게 서로를 돌보고 있습니까? 서로의 다름을 용납하지 못하고, 서로의 실수와 잘못을 용서하지 못하며, 오히려 적대적으로 대하지는 않습니까?

자가면역질환은 몸의 면역체계에 문제가 생겨서 자기 몸을 공격하는 병입니다. 몸 안의 면역체계가 잘못되었기 때문에 치료하기가 어렵습니다. 종종 교회에서도 자가면역질환에 걸린 성도를 볼 수 있습니다. 서로 사랑하고 도와야 할 성도를 비난하고 공격하는 것입니다. 이 질환에 걸린 성도가 많으면 그 교회도 자가면역질환에 걸려 매우 고통스럽습니다. 정상적인 몸의 기능을 수행할 수 없습니다. 교회의 본질인 예배뿐만 아니라 교제, 섬김, 전도, 사회봉사, 그 어느 것도 제대로 감당할 수 없습니다. 권사는 교회에서 자가면역질환을 일으키면 안 됩니다. 오히려 자가면역질환에 걸린 성도를 기도와 사랑으로 치유해야 합니다.

그리스도 안에서 한 가족이다

에베소서 2장 19절에 교회가 한 가족임을 이렇게 말씀하고 있습니다. "그러므로 이제부터 너희는 외인도 아니요 나그네도 아니요 오직 성도들과 동일한 시민이요 하나님의 권속이라." '권속(眷屬)'은 '한 집안의 식구'라는 뜻인데, 돌볼 권(眷)에 엮을 속(屬)입니다. 이것은 가족의 본질을 보여줍니다. 가족이란 서로 피로 엮인 관계이며 서로를 잘 돌보는 것이 진짜 가족입니다.

교회가 권속이라는 말은 그리스도의 피로 엮인 한 가족이며, 서로를 잘 돌보아야 한다는 것을 보여줍니다. 헬라어로 '권속'은 '오이케이오스'(οἰκεῖος)인데 한 집안의 구성원들(members of the household)[32]이란 뜻입니다. 우리는 하나님을 아버지로 모신 형제자매요, 영적 가족입니다.

순기능적 가족은 출생과 성장, 돌봄과 용납, 질서가 있습니다. 역기능적인 가족은 비난과 따돌림, 인격의 파괴가 있습니다. 좋은 교회는 순기능적인 가족입니다. 혹시 내가 섬기는 교회가 역기능적 가족인지 살펴보고, 그 원인을 제거하여 순기능적 가족이 되게 해야 합니다. 권사는 교회가 순기능적인 가족이 되도록 기도하며 섬겨야 합니다.

의인인 동시에 죄인이다

교인은 '의인인 동시에 죄인'(라틴어, *simul iustus et peccator*)입니다. 이것은 종교개혁가 마틴 루터의 말입니다. 의인인 동시에 죄인, 이것이 구원받은 우리의 현주소입니다. 우리는 예수님의 십자가 속죄의 은혜를 믿음으로 의인이 되었습니다. 그러나 아직도 우리에게는 죄성이 남아 있습니다. 예레미야 13장 23절은 우리가 얼마나 뿌리 깊은 죄인인지를 선명하게 보여줍니다. "구스인이 그의 피부를, 표범이 그의 반점을 변하게 할 수 있느냐 할 수 있을진대 악에 익숙한 너희도 선을 행할 수 있으리라."

우리는 오직 십자가의 은혜로만 구원받습니다(고전 1:18; 2:2). 하지만 구원받은 우리에게는 여전히 죄성이 있으며(딤전 1:15), 성령의 통치 아래 순종함으로 그 죄성을 극복해 가는 것입니다(롬 8:3-5). 우리는 죄성을 이겨가는 과정 중에 있으므로 여전히 실수하고 잘못합니다. 참된 권사는 서로 용서하고 용납하여 화평하게 하는 자가 되어야 합니다.

공사 중이다

우리가 서로에 대해서 실망하고 서로를 비난하고 다투는 이유는 무엇일까요? 서로를 완전한 사람으로 보기 때문입니다. 예수님 외에 완전한 사람은 없습니다. 예수님은 완전하신 하나님, 완전하신 인간이셨습니다. 그러나 우리는 다 불완전합니다. 마치 건물이 지어져 가는 중인 것과 같습니다. 아직은 완성되지 않았습니다. 공사 중입니다.

에베소서 2장 22절은 이렇게 말씀합니다. "너희도 성령 안에서 하나님이 거하실 처소가 되기 위하여 그리스도 예수 안에서 함께 지어져 가느니라." 우리는 모두 지어져 가는 존재입니다. 불완전한 존재입니다. 다른 성도의 부족함과 실수를 볼 때마다 아직 불완전한 존재이며 완성을 향하여 나아가고 있음을 기억하며 용납해야 합니다. 권사는 성도들을 공사 중인 존재로 이해하면서 그의 부족함을 용납하고 더 온전하게 지어져 가도록 도와주어야 합니다.

빌리 그레이엄 목사님의 아내인 루스 그레이엄(Ruth Graham) 사모님의 묘비에는 이런 문장이 새겨져 있다고 합니다. "공사를 마쳤습니다. 인내해 주신 당신께 감사드립니다(End of construction. Thank you for your patience)." 이 묘비명은 죽기 전까지 우리 모두 공사 중(under construction)이라는 것을 보여줍니다.

우리는 완전하지 않습니다. 그러므로 서로 용납하고 기다려 주는 것이 필요합니다. 한편 권사로 임직받는 것은 또 하나의 공사의 시작입니다. 임직받을 때부터 완벽하게 권사직을 수행하는 사람은 없습니다. 그래서 바울 사도는 골로새서 4장 17절에서 이렇게 말합니다. "아킵보에게 이르기를 주 안에서 받은 직분을 삼가 이루라고 하라." 직분은 받는 것으로 시작되지만, 받은 다음에는 그 직분에 합당한 성품과 직무 능력을 갖추어야 합니다. 권사라는 직분을 받은 우리는 이제 권사에 걸맞은 사람이 되어야 합니다. 동시에 다른 권사와 직분자를 볼 때도 공사 중임을 기억하고 용납하는 마음을 가져야 합니다.

아군이다

바울 사도는 에바브라 디도에 관해 이렇게 말합니다. "그러나 에바브로디도를 너희에게 보내는 것이 필요한 줄로 생각하노니 그는 나의 형제요 함께 수고하고 함께 군사 된 자요 너희 사자로 내가 쓸 것을 돕는 자라"(빌 2:25). 함께 군사 된 자라는 말이 모든 성도가 아군임을 가르쳐주고 있습니다.

지상교회는 전투적인 교회입니다. 우리의 적, 사마귀(사탄, 마귀, 귀신)가 끊임없이 공격합니다. 동료 성도는 아군입니다. 군인 중에 가장 불행한 군인은 아군의 총에 맞아 죽은 군인입니다. 비난, 미움, 질투, 따돌림, 비방 등은 아군에게 총을 쏘는 것과 같습니다. 이것은 사마귀가 좋아하는 일입니다. 사마귀가 손을 대지 않고 교회를 파괴시키는 방법이 교인끼리 서로 총을 쏘게 하는 것입니다.

모든 성도는 영적인 아군으로서 서로를 보호하고 도와주어야 합니다. 전우애가 필요합니다. 우리의 지휘관 되신 그리스도의 뜻이 이루어지도록 단결해야 합니다. 아군을 적군처럼 대하는 군대가 승리할 수 없듯이 성도를 적군처럼 대하는 교회는 영적 전쟁에서 승리할 수 없습니다. 참된 권사는 영적인 전우애를 가지고 성도들을 진정으로 사랑하는 사람입니다.

3장
성경적 교회 현장 이해

신본주의와 인본주의가 충돌하는 현장

교회는 마땅히 하나님 중심의 신본주의 현장이 되어야 하지만, 현실적으로는 인본주의의 현장일 수 있습니다. 교회는 인간을 존중하는 곳입니다. 하나님께서 한 사람 한 사람을 얼마나 사랑하십니까? 그러나 교회의 근본은 인본주의가 아닙니다. 인간이 역사의 중심이 아니라, 역사의 중심은 오직 하나님뿐이십니다.

로마서에서 바울은 이렇게 말합니다. "이는 만물이 주에게서 나오고 주로 말미암고 주에게로 돌아감이라 그에게 영광이 세세에 있을지어다 아멘"(롬 11:36). 여기서 '만물이 주에게서 나오고'라는 말은 만물을 주님께서 창조하셨다는 것입니다. '주로 말미암고'는 만물을 주님께서 섭리 및 통치하신다는 뜻입니다. 섭리(攝理)는 '잡고 다스린다'는 뜻입니다. '주에게로 돌아감이라'는 말은 주님께서 결산하시고 심판하신다는 뜻입니다. 이처럼 역사의 중심은 삼위일체 하나님이십니다.

17세기는 왕이나 국가의 권력이 교회의 머리라고 주장하면서 교회를 핍박하던 시대였습니다. 이때 스코틀랜드의 언약도(장로교 교회 정치 형태를 성경적이라 믿고, 하나님과 백성 사이의 언약 관계를 통해서만 구원받는다고 믿는 성도)들은 하나님의 말씀대로 살기 위하여 모진 박해와 고통을 감수했습니다. 스코틀랜드의 에든버러에 가면 언약도들의 수용소였던 지붕 없는 감옥이 있습니다. 당시 프라이어스 교회 앞마당에 언약도 140명이 잡혀 왔습니다. 이들은 "교회의 머리가 누구냐?"라는 질문에 "왕입니다"라고 대답하면 살 수 있었는데, 한 사람도 그렇게 대답하지 않고 "교회의 머리는 예수님이십니다"라고 하여 죽음을 무릅쓰고 신앙을 지켰습니다. 이후 그들은 지붕도 없고 울타리도 없는 감옥에 갇혔습니다. 지붕도, 울타리도 없었기에 얼마든지 탈출할 수 있었지만, 매일 밤낮으로 비바람과 눈보라가 사납게 몰아치는 스코틀랜드의 험악한 날씨를 겪으면서도 한 사람도 탈출하지 않았습니다. 탈출하면 '언약신앙'을 저버리는 것으로 생각했기 때문입니다. 140명의 언약도는 결국 지붕 없는 감옥에서 비에 맞아 죽고, 헐벗으며 추위에 얼어 죽고, 병들어 모두 죽었습니다. 이 지붕 없는 감옥에 갇힌 140명의 언약도는 우리에게 참된 믿음으로 사는 것이 무엇인가를 잘 보여줍니다. 이 신앙을 계승하여 스코틀랜드 장로교회가 생겼고, 이 언약도의 신앙은 미국을 거쳐 한국교회에 들어오게 되었습니다.[33]

이처럼 교회는 어떤 정치인, 직분자, 어떤 유력자가 중심이 된 곳이 아닙니다. 철저하게 하나님이 중심이 되시고, 모든 성도는 하나님의 통치를 받아야 합니다. 모두 철저하게 하나님의 뜻을 구하며 나아가야 합니다. 그래서 신본주의 교회를 세워야 합니다.

장로교 정치제도에 대해 박윤선 박사는 이렇게 말했습니다. "장로교회는 신본 공화제입니다."[34] 공화제란 복수의 주권자가 통치하는 정치체제입니다. 군주제는 한 사람의 왕이 통치하지만, 공화제는 대의 민주제와 같이 여러 사람이 뜻을 모아 의사를 결정하고 회를 이끌어갑니다. 당회와 제직회가 대의 민주제입니다. 하지만 공동의회는 전 교인이 직접 참여하는 직접 민주제입니다. 교회는 이렇게 공화제입니다. 그런데 여기에 매우 중요한 것이 있습니다. 바로 신본주의 공화제입니다. 여러 사람이 모여 의논하고 의사를 결정할 때 내 생각, 내 주장, 내 욕심이 근본이 되는 것이 아니라 하나님의 뜻이 근본이 되는 공화제여야 한다는 것입니다.

권사로 임직받으면서 신본 공화제를 꼭 기억하십시오. 항상 하나님 중심의 교회를 세우는 것을 명심하십시오. 그러기 위해서 권사는 성경을 부지런히 읽고 부지런히 기도하며 하나님의 뜻을 물어야 합니다. 담임목사님을 통해 주시는 하나님의 뜻을 알아가야 합니다. 그럴 때 신본 공화제를 지키고 신본주의 교회를 세우는 참된 권사가 될 수 있습니다.

성경적 가치관과 세속적 가치관이 충돌하는 현장

교회는 성경의 지배를 받는 곳이어야 합니다. 성경이 우리의 신앙과 행위의 유일한 법칙 즉 기준이기 때문입니다. 웨스트민스터 대요리문답[35] 제3문에 보면 "하나님의 말씀은 무엇인가?"라고 묻습니다. 이에 대한 답은 이렇습니다. "신구약 성경은 하나님의 말씀이며 신앙과 행위의 유일한 법칙이다."36)

성경은 교회의 모든 것의 기준입니다. 간혹 권사나 교회의 지도자들이 세속적 가치관으로 생각하고 말하고 행동할 수 있습니다. 하지만 그것은 교회가 철저히 경계해야 할 것입니다. 세속적 가치관이란 무엇입니까? 황금만능주의, 권력주의, 쾌락주의로 요약할 수 있습니다.

우리가 깨어서 경계하지 않으면 교회는 이런 세속주의에 점령당할 수 있습니다. 하나님보다 돈을 우선으로 여기는 생각, 돈이면 다 된다는 무서운 생각, 반대로 돈이 없으면 아무것도 못 한다는 불신앙의 생각, 이 모든 것이 다 황금만능주의에 점령당한 교회의 모습입니다. 하나님은 모든 것을 만드시고 다스리시는 왕이심을 잊지 말아야 합니다. 돈으로 안 되는 것이 너무나 많습니다. 하지만 돈이 없어도 하나님은 하실 수 있음을 기억하고 전능하신 하나님에 대한 믿음을 가져야 합니다.

교회는 권력 집단이 아닙니다. 오히려 모든 권력을 가지신 예수님께서 자신을 비우시고 내려놓으심으로 우리의 구원을 이루시고, 교회를 세우셨습니다. 교회는 만물 위에 있지만, 만물을 충만케 하기 위해 즉 섬기기 위해 있습니다. 교회의 모든 정신은 섬김입니다.

일생을 독신으로 살면서 가난하고 헐벗은 조선 땅에 와 옥양목 치마에 검정 고무신을 신고, 보리밥에 된장국을 먹으면서 조선인의 친구를 넘어 그야말로 조선인으로 살았던 선교사님이 있습니다. 바로 서서평(Elizabeth Johanna Shepping, 1880-1934) 선교사님입니다. 그분은 영양실조로 돌아가셨는데, 그가 남긴 것은 담요 반 장에 동전 7전, 강냉이 가루 두 홉이 전부였습니다. 그분이 돌아가신 침대 머리맡에는 '성공이 아니라 섬김'(not success but service)이란 글귀가 쓰여 있었습니다. 우리는 성공이 아니라 섬김을 추구해야 합니다.

교회는 쾌락주의를 추구하는 곳이 아닙니다. 쾌락(快樂)은 헬라어로 '헤도네'(ἡδονή)인데, 이것은 나의 즐거움을 위해 다른 사람을 파괴하는 것을 의미합니다. 비난, 중상모략, 언어폭력 등이 여기에 속합니다. 우리 교회에 이런 마귀적 쾌락은 없는가를 살펴보고, 만약 이런 모습이 있다면 변화시켜야 합니다. 희락(喜樂)은 헬라어로 '카라'(χαρά)입니다. 이것은 다른 사람의 기쁨을 위해 자신을 희생하는 것입니다. 예수님께서 그러셨습니다(롬 15:1-3). 그분은 자기를 기쁘게 하지 않으셨습니다. 만약 예수 그리스도께서 자신의 기쁨을 추구하셨다면 그 험한 십자가를 지지 않으셨을 것입니다. 그러나 예수님은 우리의 궁극적 기쁨을 위하여 그 험한 십자가의 고통을 감당하셨습니다.

권사는 바로 이런 예수님을 닮아가는 성도여야 합니다. 세속주의를 극복하는 선봉에 서서 담임목사님과 당회를 도우며 교우들을 섬기는 사람, 그 성도가 바로 참된 권사입니다.

참된 권사는 오직 성경적 가치관을 가지고 살아야 합니다. 성경적 가치관은 다음과 같습니다. 먼저는 사랑의 이중 계명입니다. 사랑의 이중 계명은 성경의 핵심으로서 하나님을 사랑하고 이웃을 사랑하는 것입니다(마 22:37-40). 하나님 사랑과 이웃 사랑이 권사의 모든 생각, 말, 행동, 의사결정의 중심이 되어야 합니다.

다음으로는 지상명령(至上命令)입니다. 이것은 가장 높은 분의 명령으로 모든 민족에게 복음을 전하라는 것입니다(마 28:19-20). 그런데 이 지상명령에는 다섯 개의 동사군이 있습니다.[37] 그중에 주동사는 '제자를 삼으라'입니다. 따라서 지상명령의 수행은 복음을 선포하는 것만이 아니라 주님께서 명령하신 모든 것을 지키는 제자를 삼는 방식으로 행해져야 합니다. 즉 제자로 삼기 위해서는 가야 하고, 세례를 베풀어야 하고, 가르쳐야 합니다.

주동사를 살려서 본문을 다시 해석하면 다음과 같습니다. "그러므로 너희는 가서(포류덴테스, πορευθέντες), 아버지와 아들과 성령의 이름으로 세례를 베풀고(밥티존테스, βαπτίζοντες), 내가 너희에게 분부한 모든 것을 지키도록(테레인, τηρεῖν) 가르쳐서(디다스콘테스, διδάσκοντες) 모든 민족을 제자로 삼아라(마데튜사테, μαθητεύσατε). 내가 세상 끝날까지 너희와 항상 함께 있으리라 하시니라."

교회는 철저하게 예수님을 닮는 제자를 키워야 합니다. 예수님처럼 생각하고, 예수님처럼 말하고, 예수님처럼 행동하는 성도가 되어갈 때 교회는 세속화를 이길 수 있습니다. 결국 제자 훈련의 핵심은 왕이신 하나님의 통치를 받는 성도를 세우는 것입니다. 참된 권사는 예수님을 닮은 제자입니다.

헌신과 안일이 충돌하는 현장

권사로서 교회를 섬기다 보면 속상할 때가 있습니다. 헌신적인 성도가 있는가 하면, 헌신하지 않는 안일한 성도도 있습니다. 일은 하지 않으면서 일을 만드는 사람이 있습니다. 그래서 교회 현장은 헌신과 안일이 충돌하는 현장이기도 합니다. 이런 현장에서 권사는 속상하고 교회를 섬기는 의욕이 떨어지기도 합니다. 헌신과 안일이 충돌하는 교회 현장에서 우리는 어떻게 변함없이 교회를 섬길 수 있을까요? 더 나아가 어떻게 교회 전체를 헌신의 현장으로 세워 갈 수 있을까요?

교회의 멤버가 된다는 것에 대한 오해 | 미국의 저명한 교회 연구가인 톰 레이너는 이렇게 말했습니다. "하나님이 우리에게 주신 지역교회는 이러저러한 특권을 누리게 하는 컨트리클럽 같은 곳이 아니다. 하나님이 우리로 교회에 속하게 하신 것은 다른 사람을 섬기고 돌보며 리더를 위해 기도하고 배우고 가르치고 베풀며, 경우에 따라서는 복음을 위해 죽기까지 하게 하시기 위함이다. 많은 교회가 연약한 이유는 성도들이 교회 멤버십의 의미를 곡해하기 때문이다. 지금은 그 의미를 바르게 할 때다. 하나님의 의도에 맞는 성도가 될 때다."[38]

컨트리클럽 멤버십은 회비를 지불한 대가로 다른 사람의 서비스를 받습니다. 하지만 성경적인 교회 멤버십은 조건 없이 베풀고 섬기는 것입니다. 십일조와 헌금을 즐거운 마음으로 드리는 것입니다. 어떠한 조건도 붙이지 않습니다.

오히려 섬김과 사역에 동참하여 헌신하는 멤버십입니다.[39] 참된 권사는 이런 성경적 관점으로 자신과 성도들에게 헌신의 동기부여를 해야 합니다.

성도들은 다양한 기질의 사람임을 기억해야 한다 | 어떤 성도는 적극적인 기질의 사람일 수 있고 어떤 성도는 소극적인 기질의 사람일 수 있습니다. 소극적인 성도는 관계가 중요합니다. 그러므로 교회 안에서 그분과 좋은 친구가 될 성도를 연결해 주는 것이 필요합니다. 그 친구가 되는 성도가 좋아지면 헌신의 자리로 나아올 수 있습니다. 권사는 본인이 그 역할을 하거나 그분에게 적합한 다른 성도가 돕도록 할 수 있습니다.

성도들이 다양한 상황에 있음을 기억해야 한다 | 개인의 건강, 가족의 건강, 가족 간의 갈등, 경제적 위기, 직장에서 갈등 혹은 퇴직, 사업의 위기 등 여러 문제가 있으면 헌신의 자리를 지키기 어려울 수 있습니다. 우리는 일보다는 성도 한 사람을 소중하게 여겨야 합니다. 헌신을 중단한 분들을 함부로 비난하지 말고, 그분을 위해서 진정으로 기도하면서 하나님의 도움을 구해야 합니다. 그 후에 약속을 하

고 만나 차나 식사를 대접하면서 대화하는 것이 필요합니다. 대화하며 격려하고 함께 기도하고, 하나님의 인도 가운데 그 문제가 해결되어 헌신의 현장으로 나오도록 도와주는 것이 권사의 역할입니다.

성도들은 서로 갈등을 겪고 헌신의 현장을 떠날 수 있다 | 빌립보교회같이 좋은 교회에도 유오디아와 순두게라는 여성 지도자의 갈등이 있었습니다. 아무리 좋은 교회라도 성도 간의 갈등은 있습니다. 그럴 때 참된 권사는 서로를 위해 기도하고, 서로가 화해하고 용납하도록 피스 메이커의 역할을 해야 합니다. 어느 한 사람을 편드는 것이 아니라 둘 다 사랑하여 그들이 함께 예수님을 바라보고 서로를 용납하도록 도와야 합니다(롬 13:10; 15:7).

헌신은 은혜를 받아야 할 수 있다 | 은혜는 내 영혼과 내 인생 전체를 살리며, 교회 안에서 헌신의 분위기도 살립니다. 믿음이 연약한 성도는 은혜를 받도록 도와야 헌신할 수 있습니다. 예배와 기도회, 소그룹(구역, 목장, 셀이라고도 함)에 참석하도록 돕고, 신앙 훈련을 받도록 도와야 합니다. 그러면서 신앙이 자라나면 그 마음에 헌신의 열정이 일어

납니다. 그때 그를 헌신의 현장으로 이끌어야 합니다. 헌신은 신앙 성장의 요소이며, 교회를 사랑하는 계기가 됩니다. 이 일을 위해 참된 권사는 성도들을 놓고 기도하면서 헌신의 자리로 이끌어야 합니다.

헌신은 따를 수 있는 모범이 있어야 한다 | 어떤 일을 가르칠 때 모범이 매우 중요합니다. 가르치는 과정에는 4단계가 있습니다. 1단계는 '무엇을 가르치려고 하는가를 말하라'(Tell him or her what)입니다. 2단계는 '왜 가르치려고 하는가를 말하라'(Tell him or her why)입니다. 3단계는 '어떻게 하는지를 보여주라'(Show him or her how)입니다. 이것이 바로 모범입니다. 무엇을 하고 왜 해야 하는지도 중요하지만 어떻게 하는지를 보여주는 것은 매우 중요합니다. 가르치는 과정의 마지막 4단계는 '계속 유지하라'(keep on going)입니다. 내가 가르치고 모범을 보인 것이 계속 유지되도록 격려하고 멘토링해야 합니다.

참된 권사는 헌신의 멘토가 되는 사람입니다. 참된 권사가 섬기는 교회는 헌신이 왕성한 교회로 성숙해 갑니다.

젊은 세대와 기성세대가 충돌하는 현장

목회의 현장은 젊은 세대와 기성세대가 충돌하는 현장이기도 합니다. 이 문제의 해결은 기성세대의 노력에서부터 시작해야 합니다. 그러기 위해서는 먼저 기성세대인 권사가 젊은 세대를 이해해야 합니다.

청소년 세대 이해 | Z세대인 청소년은 '디지털 원주민'입니다. 아이폰은 2007년도에 처음 출시되었습니다. 2023년 기준 고등학교 1학년 학생들의 출생 연도와 같습니다. 즉 청소년들은 스마트폰이 없는 시대를 살아본 적이 없는 세대입니다. 이들은 기술 친화적이고, 수평적 인간관계, 익명성, 개방성, 다양성, 연결성, 초월성과 같은 특징을 지니고 있습니다.

요즘 청소년을 '밈 세대'라고 규정합니다. '밈'(Meme)은 모방을 뜻하는 그리스어 '미메시스'(mimesis)와 '유전자'(gene)의 합성어입니다. 밈은 사람들 사이에서 구전(口傳)을 통해 재생산되는 모든 문화적 현상을 총칭합니다. SNS에서 동일한 소재로 다양한 콘텐츠들을 만들어 아는 사람만 즐기는 메인 스트림을 형성하고 거기에 일조했다는 희열을 즐기는 것, 그 자체가 밈입니다. 밈이 형성되는 일정한 규칙은 없습니다. 인터넷에 돌아다니는 수많은 패러디 콘텐츠와 짤방[40] 중 어떤 것이 인기를 얻어 강력한 밈이 될지 아무도 예측할 수 없습니다. 분명한 것은 밈은 짧은 시간 동안 광범위하고 빠르게 퍼져 유행을 만들어낸다는 점입니다.[41]

요즘 사용되는 밈의 의미에 대해 새롭게 정의하자면 '재미와 보람을 중요하게 여기고, 느슨한 연대를 즐기는 세대와 기술의 발달이 만나 형성된 일종의 놀이문화'라고 할 수 있습니다.

청소년 세대의 특징은 크게 두 가지입니다. 첫째, 모델링 엘더스(Modeling Elders)로서 신앙 형성에 기성세대를 모델링한다는 점입니다. 그러므로 기성세대의 신앙이 모델이 될 수 있어야 합니다. 참된 권사는 청소년들에게 모델이 되는 성도입니다. 그렇지 않으면 다음 세대는 교회를 떠나고 심지어 신앙생활을 떠날 수 있습니다. 데이비드 킨나만(David Kinnaman)은 자신의 책(You Lost Me)에서 다음 세대가 신앙에서 이탈하는 원인을 이렇게 말합니다. "결정적인 요인은 부모 신앙의 이중성이다. 부모의 모습에서 하나님을 느끼지 못할 때, 삶에서 하나님에 대한 질문을 해결하지 못할 때, 다음 세대들은 하나님을 떠난다." 그런 의미에서 기성세대인 부모와 집사들의 역할이 매우 중요합니다. 기성세대는 다음 세대의 신앙에 디딤돌이 될 수도 있고, 걸림돌이 될 수도 있습니다.

둘째, 메이킹 인바이런먼트(Making Environment)로서 문화 형성에서 온라인과 오프라인을 양손잡이처럼 활용한다는 것입니다. 밈 세대는 더 이상 아무것도 모르는 아이들이 아닙니다. 디지털 네이티브인 밈 세대 영향력은 온라인에서는 기성세대를 압도합니다.

청소년 사역은 위기가 아니라 재도약할 수 있는 기회입니다. 청소년은 이전의 어떤 세대보다 가장 똑똑한 세대이며 가장 큰 영향력을 지닌 밈 세대이기 때문입니다. 밈 세대인 청소년은 다음 세대의 주역이 아니라 이미 현시대의 주역입니다. 밈 세대는 무한한 가능성의 세대입니다. 참된 권사는 청소년들의 이런 흐름을 이해하며 담임목사님과 함께 그들을 도와야 합니다.[42]

청년 세대 이해 | M세대인 청년들(3040세대)은 인간의 수명이 연장되면서 분포 비율이 30% 넘게 증가했습니다. 그러므로 이들이 어떻게 사는지에 따라 개인과 사회가 영향을 받을 수밖에 없습니다. 일반 사회보다 고령화가 더 심각

한 교회 역시 새로운 청년층에 해당하는 이 연령대에 주목하고 있습니다.

3040세대는 직장에서의 불안한 위치와 과중한 업무, 가정에서의 육아 및 가사 부담으로 교회 활동에 소극적으로 참여함으로써 자칫 신앙이 침체기로 접어들 위험이 있는 세대입니다. 오늘날 한국 사회와 교회에서 새롭게 등장한 대표 세대입니다. 특히 이 세대는 대부분 젊은 부부로 구성되어 있어 이들이 침체에 빠질 경우 교회학교도 약화할 수밖에 없습니다. 이는 단순히 3040세대만의 문제가 아니라 다음 세대까지 그 파장이 미친다는 것이며, 결국 한국교회의 미래도 좌우된다고 할 수 있습니다.

중년기에 접어드는 3040세대는 인생에서 큰 전환기를 맞이합니다. 개인의 정체성 면에서나 신앙적인 면에서 많은 혼란을 경험하기 때문입니다. 이 세대는 흔히 신세대도 쉰세대도 아닌 '낀 세대'라고 불립니다. 특히 40대는 '잊혀진 세대'라고 불릴 만큼 정체성이 매우 약합니다. 이 시기는 20대에 사회생활을 시작해 결혼과 함께 새로운 가정을 형성하면서 생활 환경의 큰 변화를 경험하게 됩니다. 또 부모 의존에서 벗어나 분가와 자녀 출산으로 새로운 삶을 개척해 나가는 시기이기도 합니다.

교회 안의 3040세대 역시 마찬가지입니다. 청년 세대를 마감하고 기성세대로 넘어가는 과정이지만, 기성세대에 대한 거부감으로 장년부에 쉽게 편입되지 못합니다. 삶의 불안정과 분주함으로 신앙도 약화하기 쉽습니다. 대면 예배 출석 비율이 가장 낮은 연령대가 이 세대이고, 요즘 이슈로 떠오른 '플로팅 크리스천'(온라인상에 떠다니는 성도)도 이 세대가 주도하고 있습니다. 가나안 성도의 주된 연령대 역시 40대입니다. 3040세대는 한국교회의 약한 고리가 되고 있습니다.[43]

안타까운 것은 3040세대는 종교에 큰 관심이 없는 것입니다. 교회 안의 3040세대는 현재 대면 예배 출석률이 가장 낮아서 '잠재적 가나안 성도'도 상당수에 이를 것으로 추정되고 있습니다. 그들은 인생의 전환기에서 혼란을 겪고 있습니다. 20대 때의 뜨겁고 의욕 넘치는 신앙에서 다소 진지하고 좀더 원숙한 신앙으로 변화하는 과정 중에 있습니다. 그러나 흔들리지 않는 자기 고백적 신앙 위에 서기에는 여전히 많은 경험이 필요한 상황입니다. 주일에 교회에 와서도 어린아이를 돌보느라 예배에 집중하지 못하고 모임에 참여하기도 어렵습니다. 실제로 각 교회 청장년부 모임이 이런 이유로 활성화되지 못하는 경우가 많습니다.[44]

이러한 경향은 교회 직분에 대한 생각에도 나타납니다. 3040세대에게 교회에서 중직을 맡긴다면 어떤 태도를 보일 것인지 질문했는데 '열심히 하고 싶다'는 12.2%밖에 되지 않았고, '부담스럽지만 받아들인다'는 소극적 수용자가 29.4%였습니다. 절반이 넘는 58.5%는 '하고 싶지 않다'고 응답해, 다수는 직분에 대해 거리를 두는 입장을 보였습니다.[45]

이런 결과는 젊은 세대들이 위계질서를 불편해하고, 그러한 생각이 직분에도 그대로 반영되고 있음을 보여줍니다. 최근 젊은이들 사이에서는 한국 사회 연고주의의 근간인 동창회, 향우회, 친족 모임은 약화되고, 취미 활동이나 관심사를 나눌 수 있는 여러 형태의 동호회 등은 활발합니다. 이 같은 현상은 상하관계와 위계질서를 중요하게 여겨 선후배나 손위, 손아랫사람을 따지는 것을 젊은 세대들이 불편하게 여기기 때문입니다. 마찬가지로 교회의 직분도 위계 서열을 특징으로 하기에 기피하는 것입니다.[46] 한국교회 중직자 의식조사에서는 직분자들 사이에 위계질서가 중요하다는 응답이 80.3%로 나타나, 한국교회에서 위계질서가 여전히 강조되고 있는 것으로 나타났습니다. 3040세대에게는 이러한 점이 불편한 것입니다.[47] 참된 권사는 이런 상황을 알고 젊은이들을 배려해야 합니다.

2부
권사의 직분

이제 권사의 직분에 대해서
살펴보겠습니다.
권사직은 어떻게 시작되었으며
어떤 역할을 감당해 왔을까요?

1장
권사직 이해

교회마다 다소 차이는 있겠지만, 어느 교회든 여 성도가 차지하는 비중이 높습니다. 짧은 선교 역사 가운데 한국교회가 이토록 큰 부흥을 이룬 것은 권사를 중심으로 한 여 성도의 기여가 큰 몫을 차지했다는 점을 인정하지 않을 수 없습니다. 교회마다 여 성도들의 헌신과 희생과 기도 위에 교회가 든든히 세워졌습니다.

권사라는 용어

권사(勸師)는 말 그대로 권할 권, 스승 사이기에 성도들을 잘 권면하고 가르치는 사람이어야 합니다. 영어로도 권하는 사람(exhorter)이라고 합니다. 총회 헌법에도 이렇게 기록

되어 있습니다. "권사는 당회의 지도 아래 교인을 방문하되 병 환자와 환난을 당하는 자와 특히 믿음이 연약한 교인들을 돌보아 권면하는 자로 제직회 회원이 된다"(총회 헌법, 정치, 제3장 교회의 직원, 제3조 교회의 임시직원, 3항 권사).[48]

권사를 한문으로 權師, 權事, 勸士, 勸事 등 다양하게 쓰는 것을 볼 수 있는데 우리 헌법에서는 勸師로 쓰고 있습니다. 수년 전 헌법을 수정할 때 勸事로 고치자는 의견도 있었으나, 勸師로 확정해 가결하였습니다.[49]

영국 감리교 창시자 존 웨슬리가 권사직을 만든 것은 주로 교인을 교육하기 위한 목적이었지만, 장로교의 권사는 목회자를 도와 교인들을 심방하며 위로하고 돌보기 위해 세운 직분이고, 실제로 아주 유익한 직분입니다.[50]

한국교회 권사직의 출발

권사라는 단어는 성경에 나오지 않습니다. 그러나 권사의 역할을 한 인물은 성경에 나옵니다. 권사직은 후대 교회의 필요에 따라 생긴 것입니다. 우리나라에서 '권사'라는 용어는 1910년 제4회 독노회[51] 회의록에 처음 등장합니다. 독노회란 총회가 설립되기 이전에 우리나라 교회가 하나의 노회로 구성되어 있던 것을 말합니다. 독노회 아래 우리나라의 모든 교회가 소속되어 있었습니다.

1910년 9월 18일부터 22일까지 평북 선천군 염수동 예배당에서 개최된 제4회 독노회록의 별지에 권사라는 단어가 처음으로 나옵니다. 별지의 제목은 <각 교회에서 대리회에 보고하는 식양>입니다. 참고로 대리회는 총회가 설립되기 전 독노회로 있을 당시에 독노회 아래에서 노회에 준하는 역할을 했던 기관입니다.

각 교회에서 대리회에 보고하는 식양

1. 이곳은 어느 당회에 속하였느뇨(저자 주 : 그 당시 당회가 없는 미조직 교회가 많았기 때문임)
2. 교회 인명수
3. 회당 설립(예배당이 있는가에 대한 내용)
4. 학교 수(대학교, 남자중학교, 여자중학교, 남자 소학교, 여자 소학교)와 교사 수, 학생 수
5. 재정 수입, 지출
6. 회집 평균수(오전 예배, 오후 예배, 저녁 기도회)
7. 교회 형편(전도인 세운 것, 전도하는 형편, 남 사경회 몇 번, 여 사경회 몇 번 하였느뇨 등)

1912년 총회가 설립될 때, 독노회는 총회가 되고 대리회는 노회가 되었습니다. 그러나 1910년은 아직 독노회 시절이었습니다. 그때 각 교회에서 대리회에 보고하는 식양이 있었는데 옆의 표에서 보는 것과 같이 7개의 큰 문항이 나옵니다.

　이 중에서도 권사에 대한 언급은 두번째 항목인 '교회 인명수'에 나옵니다. 교회 인명수에는 26개의 항목이 나오는데 몇 가지만 소개하면 다음과 같습니다. ①목사가 누구누구뇨 ②장로가 누구누구뇨 ③강도사가 누구누구뇨 ④조사가 누구누구뇨 ⑤영수가 몇 사람이뇨 ⑥장립 집사가 몇 사람이뇨 ⑦서리 집사가 몇 사람이뇨 ⑧남 전도인이 몇 사람이뇨 ⑨여 전도인이 몇 사람이뇨 ⑩여 권사가 몇 사람이뇨.[52] 목사로부터 조사까지는 명단을 요구했고, 영수[53]부터 권사까지는 인원수를 요구했습니다.

　'여 전도인'에서 '여 권사'가 유래했다는 주장은 정확하지 않아 보입니다. 그 이유는 첫째로 교회가 대리회에 보고하는 식양에서 ⑨여 전도인과 ⑩여 권사를 구분하고 있기 때문입니다. 둘째로 전도인은 사례를 받았고, 권사는 사례를 받지 않았기 때문입니다. 전도인이 사례를 받은 것이 제5회 독노회 회의록에 나옵니다. 북평안대리회가 제5회 독노회에 보고한 것입니다. "전도대를 조직하여 전도하기도 하고, 전도인을 택하여 전도하기도 하였사오며 … 한 교회가 연보를 내어 전도하기도 하고, 한 학교(기독교 학교)가 연보하여 전도인을 세우기도 하고, 한 사람이 연보하여 전도인을 세워 전도하기도 하오며 …"54) 이렇게 볼 때 전도인은 사례를 받는 직분이었기 때문에 여 전도인에서 여 권사가 유래되었다고 보기는 어렵습니다. 권사는 사례를 받지 않는 봉사직이었기 때문입니다.

다만 여 권사 제도가 생긴 것은 한국교회의 급성장으로 여성 성도들을 돌볼 필요가 더욱 증가했기 때문입니다. 1884년 복음이 들어오고 26년이 지난 후인 1910년 제4회 독노회 회의록에 실린 통계를 보면, 한국교회가 대단한 부흥을 이루었음을 알 수 있습니다. 목사 75명(한국인 목사, 외국인 선교사인 목사 포함), 장로 133명, 조사 224명, 남 전도인 48명, 여 전도인 44명, 매서인(저자 주 : 전도하며 성경을 판매하던 사람) 74명, 세례교인 39,394명, 아해세례(저자 주 : 유아세례) 4,567명, 금년 원입인(저자 주 : 1910년 당해 연도 새가족) 14,507명이었습니다.55) 대단히 역동적으로 성장하는 교회였습니다. 거기에 여성도의 비율이 높았기 때문에 그들에 대한 돌봄이 더욱 필요하여 권사를 세운 것으로 추정됩니다. 그러나 교인 통계에 권사의 숫자가 표기되어 있지 않아 얼마나 있었는지 확인은 불가능합니다.

권사 직분이 제도화된 것은 그로부터 45년이 지난 1955년 제40회 총회에서입니다. 제40회 총회 헌의부 보고에 "경남노회장 노진현 씨가 헌의한 여 권사 제도 설치에 대하여 그 자격, 선거 방법, 권한, 대우 등을 명시하여 달라는 건 … 은 정치부로 보낸 일이오며"[56]라는 내용이 나옵니다.

이 헌의안을 검토한 총회 정치부는 다음과 같이 총회 본회에 보고합니다. "평북노회장 김용진 씨와 경남노회장 노진현 씨가 헌의한 여 권사 제도 설치에 대한 그 자격 및 선거, 권한, 대우 등을 여하(如何)히 하는지 교시(敎示 : 가르쳐 보임)하여 달라는 청원건은, 자격은 전도사와 같이 신앙의 연조가 깊고 교회 봉사에 경험이 많은 이로서 선거 방법은 안수집사 선거 방법에 의하며, 권한은 제직 회원이 되고, 대우는 안수집사와 같이 무급으로 교회를 봉사하는 직분으로 규정함이 가한 줄 아오며. … 회록 서기가 회록을 낭독하니 채용하기로 가결하다."[57]

그 이후 한국교회에는 서서히 권사 제도가 정착되기 시작하였습니다. 아주 오래 전 즉 1960년대와 1970년대에는 오늘날처럼 권사가 많지는 않았습니다. 그러나 점차 확대

되어 오늘에 이르게 되었습니다.

한편 권사가 되는 기준은 예전이나 지금이나 변함없이 중요하다는 것입니다. 너무 쉽게 권사가 되기보다는 엄격한 기준에 의해 진심으로 교회를 위해 헌신할 사람들을 권사로 뽑아야 합니다.

성경에 권사 역할을 한 사람들

권사 직분은 성경 안에 존재하지 않습니다. 그러나 권사의 역할을 한 사람들은 존재합니다. 그분들을 역할 모범으로 삼아 배울 필요가 있습니다.

루디아 – 교회 개척의 동역자 | 바울 사도가 2차 선교여행 중에 유럽 지역 최초의 교회를 세우게 됩니다. 마케도니아 지역의 빌립보였습니다(행 16:11-15). 그곳에서 첫째로 회개하고 세례 받은 사람이 루디아입니다. 두아디라에서 빌립보로 이주한 그녀는 염색과 관련된 일로 무역업을 하는 사람(trader)이었습니다.

안식일에 기도처를 찾던 바울 일행은 강가에 모여 있는 여인들에게 복음을 전했습니다. 그중에 루디아가 있었습니다. 바울이 복음을 전할 때 성령이 감화하셔서 루디아가 마음을 열었고 복음을 받아들였습니다. 그리하여 유럽에서 바울의 첫 회심자가 되었습니다.58) 루디아는 세례를 받고서 바울 일행을 자신의 집에 머물게 했습니다. 그녀는 자신의 집을 빌립보의 복음 전도 전초기지로 내놓아 가정교회가 되게 했고, 초기 빌립보교회의 초석이 되었습니다. 그녀가 자색 옷감 장사를 하여 상당한 재력을 소유한 여성이었기에 가능한 일이었습니다.

기도처 하나 변변하지 못한 이방인의 땅에서 루디아의 존재는 바울 일행에게 크나큰 위로가 되었을 것입니다. 직접 생업에 뛰어들어야 하는 경제 여건 속에서도 자기 집을 제공하여 사도를 접대하고 물질적 수고를 아끼지 않았던 루디아의 헌신적인 열심은 이기주의가 팽배한 현시대의 성도들이 더욱 본받아야 할 바라 하겠습니다.

그녀는 사도의 말을 청종하고 마케도니아인 중 최초로 회심한 것으로 보아 종교심이 강한 사람이었던 것 같습니다(행 16:14-15). 회심 이후 자신뿐 아니라 가족들까지도 세례를 받게 한 것으로 보아 결단력과 적극성이 있는 사람이었습니다(행 16:15). 자신의 집을 제공하여 사도를 머물게 하고 바울을 도와 빌립보교회를 세운 것을 보아 헌신적인 믿음의 사람이었습니다(행 16:15, 40).

루디아는 하나님을 경외하는 자로서, 복음을 신실하게 붙들고 주님의 몸 된 교회를 위해 충성하는 일꾼으로서 그리고 목회자의 충실한 동역자로서 오늘날 한국교회의 권사들에게 귀감이 되는 훌륭한 신앙인이라 할 수 있습니다. 오늘날에도 루디아와 같은 신실한 여성 동역자가 있다면 얼마나 크게 목회자에게 힘이 되어주는지, 우리는 한국교회의 현실에서도 쉽게 찾아볼 수 있습니다.[59]

뵈뵈 – 신뢰할 수 있는 서신 전달자 | 사도 바울은 로마교회를 위해서 쓴 로마서를 겐그레아교회의 일꾼인 뵈뵈를 통해서 전달했습니다. 겐그레아는 고린도에서 동쪽으로 약 12km 정도 떨어진 항구도시였습니다. 뵈뵈는 교회를 탁월하게 섬겼던 사람으로, 성품과 헌신이 균형을 이룬 사람이었습니다.[60] 참된 권사는 성품과 헌신이 균형 잡힌 사람입니다. 헌신은 많이 하는데 성품이 모나면 교회에 상처를 주게 됩니다. 연약한 성도들이 실족하게 됩니다. 반대로 성품은 좋은데 헌신하지 않으면 권사의 직무를 게을리하게 됩니다. 그러므로 성품과 헌신은 균형이 있어야 하며, 헌신 이전에 성품이 성숙해져야 합니다.

뵈뵈는 어느 정도 부와 사회적 영향력이 있는 여성이었습니다. 그래서 보호자(patron) 역할을 할 수 있었습니다.[61] 바울은 그녀에 대해서 "여러 사람과 나의 보호자가 되었음이라"(롬 16:2)고 칭찬하고 있습니다. 여기서 '보호자'(프로스타티스, προστάτις)라는 말은 로마 사회에서 '외국인의 법적 대표자'(the legal representative of foreigner)라는 의미로 사용되었는데, 이는 시민권이 없으며 경제력이 취약한 이방인을 보호하는 직책을 말합니다. 또한 이 용어가 유대 공동체에서는 법률적 조력자나 물질적 후원자의 의미로 사용되었습니다. 여기서도 뵈뵈가 바울 사도와 그의 선교단에 개인적으로 경제적 후원을 했다는 표현으로 보는 것이 좋습니다. 뵈뵈는 빌립보에서 루디아가 한 것 같은 도움을 바울에게 주었을 것입니다.[62]

그래서 바울은 뵈뵈가 충실한 동역자로서 자신의 선교 사역에 후원자가 되었다고 평가하고 있습니다. 아마 바울이 힘든 선교사역을 감당할 때 그녀가 물심양면으로 도움을 주었던 듯합니다. 뵈뵈는 바울뿐 아니라 여러 사람을 돕는 후원자였을 것입니다. 아마 겐그레아교회의 가난하고 연약한 교우들을 기도와 물질로 섬긴 신실한 여 성도였을 것입니다. 그래서 바울이 로마교회에게 뵈뵈를 대할 때 합당한 예절을 갖춰서 정성껏 환대해 주고 필요한 것들을 도와주라(롬 16:2)고 부탁했던 것으로 생각됩니다.

우리는 뵈뵈에게서 오늘 이 시대의 한국교회 여성 직분자가 갖추어야 할 덕목을 발견하게 됩니다. 목회자를 위해 기도하고, 목회자와 동역하며, 말씀에 순종하는 여종으로서 교회 내 여러 사람을 돌볼 줄 아는 어머니와 같은 마음을 지닌 좋은 권사는 교회를 바르게 세우는 큰 일을 감당할 수 있습니다.[63]

로마서 16장 1절을 우리말 성경(개역개정, 새번역, 현대인의 성경)으로 보면, 바울은 뵈뵈를 겐그레아교회의 '일꾼'이라고 부릅니다. 헬라어 성경에서 '일꾼'은 '디아코노스'(διάκονος, 집사로 번역됨)라고 되어 있습니다. 그래서 어떤 분들은 여자 집사(안수 집사) 제도가 있었다고 주장합니다. 그러나 신약성경을 전반적으로 보면, 여성에게 집사직(안수 집사를 말함)을 주지 않은 것으로 보입니다.

'일꾼'을 뜻하는 헬라어 '디아코노스'는 남성형 명사입니다. 여기서 남성형이 사용된 것은 그 당시에 여성형이 존재하지 않았기 때문일 수 있습니다. 헬라어에는 남성과 여성의 구분이 분명한데 여성인 뵈뵈에게 남성형을 사용한 것은 '디아코노스'가 직분을 의미하지 않기 때문일 것입니다.

만약 바울이 뵈뵈가 집사였다는 것을 밝히고 싶었다면, 여자 집사를 위한 헬라어 단어를 만들었을 것입니다. 실제로 다른 여러 편지에서 바울은 자신의 의도를 전달할 필요가 있을 때 자신만의 단어를 고안해 내곤 하였습니다. 그러므로 뵈뵈가 겐그레아교회의 '디아코노스'로 불렸다는 사실이 그녀가 집사직을 가졌다는 의미는 아닙니다. 바울이 로마서를 전달하는 공식적인 사명을 위해 뵈뵈를 보냈기 때문에 그 단어는 교회 직분을 가리키는 것이 아니라 바울을 대신하여 공식적인 임무를 수행하기 위해 파송된 사람을 가리키는 칭호였을 것입니다.[64]

이와 관련하여 머레이(Murray) 박사는 이렇게 말했습니다. "만약 뵈뵈가 성도들을 대상으로 사역했다면 2절은 그녀가 교회의 섬기는 자였을 것임을 증명한다. 그녀가 집사직과 비슷한 수준의 교회 직분을 맡았거나 집사 직분을 수행했다고 생각할 필요나 이유는 없다."[65]

정리하면 뵈뵈는 충성스럽고, 바울이 로마서를 맡겨 전달할 만큼 신뢰할 만한 여 성도였습니다. 그녀는 오늘의 안수 집사와 같은 직분을 가진 것이 아니라 교회에서 충성된 종처럼 섬기는 사람이었습니다. 그래서 디아코노스를 우리말 성경에 '일꾼'이라고 번역한 것은 합당한 번역입니다.

다비다 – 가난한 성도들의 어머니 | 다비다 역시 권사의 모델로 꼽을 만합니다. 다비다는 히브리어식 이름입니다. 헬라식 이름으로 번역하면 도르가입니다. 이 이름의 뜻은 영양(羚羊) 또는 사슴입니다. 그 당시에는 흔한 이름이었다고 합니다. 사도행전 9장 36절에 보면, "욥바에 다비다라 하는 여제자가 있으니 그 이름을 번역하면 도르가라 선행과 구제하는 일이 심히 많더니"라고 말씀합니다. 다비다가 '여제자'로 언급되고 있는 것으로 보아 그녀는 이미 주를 영접하고서 주의 일을 신실하게 감당한 주님의 제자였음을 알 수 있습니다. 또한 그녀는 재산의 여유가 있어 '선행과 구제하는 일'을 심히 많이 행하였는데 39절의 내용으로 보아 과부였을 가능성도 있습니다. 한편 '여제자'라는 단어는 신약성경에서 본 구절에 처음 나타나고 있습니다. 다비다는 여인으로서 아주 신실하고 충성되게 주의 일에 힘써 욥바의 성도들과 다른 지역의 제자들에게까지 인정받고 있었으므로 그렇게 불린 것으로 보입니다.

자신을 돌아보지 않고 헌신적으로 봉사한 다비다의 삶은 믿음과 행함의 일치를 보여주는 아름다운 모습입니다(행 9:36-39). 이처럼 참다운 믿음에는 반드시 그에 합당한 열매가 수반되기 마련입니다. 이러한 신행일치(信行一致)의 삶이 오늘의 권사들에게는 얼마나 나타나고 있을까요? 다비다가 하나님께 헌신한 방법은 그에게 주신 재봉의 재능을 통해서였습니다(행 9:39). 오늘의 권사도 자신에게 주신 재능을 선용하여 성도들과 이웃을 섬기는 삶을 살아야 합니다. 다비다가 죽자 동료 과부들이 매우 슬퍼합니다. 여기서 그들 사이의 사랑이 얼마나 뜨거웠으며, 다비다의 생전 선행이 지극히 감동적이었다는 것을 확인할 수 있습니다. 이러한 뜨거운 사랑의 교제와 헌신의 모습은 오늘의 권사들이 배워야 할 것입니다. 희생적인 사랑과 섬김의 실천을 통해 그리스도의 향기를 드러낸 다비다는 죽은 후 베드로의 기도로 다시 살아남으로써 더 많은 사람을 그리스도의 생명 가운데로 인도했습니다(행 9:41-42). 한 인물에 대한 평가는 그가 죽었을 때 사람들의 반응에서 나타납니다. 물론 가장 완전하고 최종적인 평가는 하나님 앞에서의 평가입니다. 참된 권사는 그가 세상을 떠났을 때 교우들이 그의 죽음을 애도하고, 못내 아쉬워하고 그리워하는 사람입니다.

다비다는 살아 있을 때 선행과 구제에 힘쓴 여제자였습니다. 그녀가 죽었을 때 그녀의 죽음을 슬퍼하던 많은 사람이 베드로에게 "도르가가 그들과 함께 있을 때에 지은 속옷과 겉옷"(행 9:39)을 보여주었습니다. 다비다는 무엇을 남기고 갔습니까? 그래서 어떤 사람으로 기억되었습니까? 그녀는 연약한 사람들을 위해 손수 '속옷과 겉옷'을 지은 사람으로 기억되었습니다. 당시에 속옷과 겉옷을 지어준다는 것은 최고의 헌신이었습니다. 이 시대의 권사들이 다비다와 같은 여제자가 된다면, 즉 다비다처럼 구제와 선행에 힘쓰고, 희생하고 섬기는 권사가 된다면, 교회에 얼마나 큰 유익이 될 것인가를 생각해 보십시오. 다비다는 한국교회의 권사들에게 모델이 될 만한 사람입니다.[66)]

루포의 어머니 – 목회자의 어머니 | 로마서 16장 13절에 보면 바울 사도는 로마서를 끝내기 전에 여러 사람을 소개하면서 루포의 어머니에 대해 언급합니다. "주 안에서 택하심을 입은 루포와 그의 어머니에게 문안하라 그의 어머니는 곧 내 어머니니라." 루포(Rufus)는 마가복음 15장 21장에 언급된 구레네 시몬의 아들과 같은 인물로 여겨집니다.[67)]

마가가 로마에 있는 기독교인들을 위해 쓴 복음서에서 구레네 시몬을 알렉산더와 루포의 아버지라고 언급한 것(막 15:21)은 당시 로마교회 성도들이 그 가족을 잘 알고 있었기 때문일 것입니다. 따라서 많은 학자들이, 바울이 본 절에서 언급하는 루포가 바로 구레네 시몬의 아들일 것으로 봅니다.

바울은 루포의 어머니를 내 어머니라고 부르고 있습니다. 참 감동적인 표현입니다. 루포의 어머니가 바울 사도를 친아들처럼 대했다는 것입니다. 그래서 바울이 '내 어머니'라고 부르고 있습니다. 루포의 어머니만 생각하면 바울은 어느덧 마음이 따뜻해지고 힘이 났습니다. 그녀는 언제라도 달려가 그 품에 안기고 싶은 어머니와 같았습니다. 당시 바울은 힘겨운 사역을 감당하고 있었습니다. 때로는 매를 맞기도 하고, 돌에 맞기도 하고, 오해받기도 했으며, 죽음의 문턱을 넘나드는 것이 한두 번이 아니었습니다. 물론 그의 마음에는 언제나 천국의 기쁨이 있었고 사명감에 불타는 열정도 있었습니다. 그러나 그도 역시 연약한 인생이었기에 마음이 약해지고 힘들 때가 있었습니다. 그럴 때 루포의 어머니를 떠올리면 그는 언제나 힘이 났습니다.

오늘도 목회자들은 힘겨운 목회의 현장에서 사투를 벌이고 있습니다. 영적 전쟁의 한복판에 서 있습니다. 악한 영들은 끊임없이 목회자를 공격하고 있습니다. 이러할 때 목회자보다 경험이 많고, 연륜이 깊은 권사가 목회자를 따뜻하게 격려하고 도와주어야 합니다. 그럴 때 목회자는 힘을 내어 사역을 더 잘 감당하게 될 것입니다.

한국 교회사에 모범이 되는 권사

한국 교회사의 뒤안길에 보면, 모범이 되는 여성 지도자들이 많이 있었습니다. 그들은 오늘을 사는 권사들에게도 멘토가 될 만한 이들입니다.

백선행 성도(1848-1933) | 그녀가 권사라는 기록은 없습니다. 그러나 초기 한국교회와 사회에 큰 영향을 끼친 그리스도인이었음은 분명합니다. 그녀는 이름이 없었습니다. 다만 백씨 성을 가지고 있었습니다. 16세에 결혼하여 1년 만에 남편과 사별하고 과부가 되었습니다. 그래서 백 과부로 불렸습니다. 그녀는 삯바느질과 길쌈은 물론이고 20리나 떨어진 시장에 가서 먹다가 버린 음식 찌꺼기를 가져다가 돼지를 먹이고, 콩나물을 키워 장사 하는 등 돈이 될 일이라면 하지 않은 일이 없었습니다.

그러나 주님을 모신 믿음이 있었기에 홀어머니를 모시고 온갖 궂은일을 하며 그 험한 세월을 헤쳐 나갔습니다. '먹기 싫은 것 먹고, 입기 싫은 옷 입고, 하기 싫은 일 하며 사는 것'을 신조로 삼고 억척스럽게 살다 보니 재산이 모였습니다. 그런데 먼 친척 조카뻘 되는 이에게 사기를 당해 힘들게 모은 재산을 하루아침에 잃었습니다. 이때가 26세 때였습니다. 그는 남을 원망하지 않고 하루하루 근면하게 살아야 한다는 소박한 믿음을 가지고 이 아픔을 이겼습니다.

1917년경 그의 나이 70여 세가 되었을 때, 이웃에 사는 땅 거래꾼(거간꾼)이 찾아왔습니다. 거간꾼은 평양 교외에 좋은 땅이 있으니 사 두면 좋을 것이라고 권했습니다. 끈질기게 권하기에 그녀는 모아 놓은 돈을 다 건네면서 대동강 건너편 만달산의 땅을 샀습니다. 현지답사도 하지 않고 산 것은 이웃을 믿었기 때문이었습니다. 훗날 가보니, 거금을 들여 매입한 땅은 풀 한 포기 없는 돌산이었습니다. 이웃 사람의 사기가 분하기도 하고 하늘이 무너지는 것 같았습니다. 평양 시내에는 백 과부가 망했다는 소문이 돌았습니다. 그래도 자신의 탓으로 돌리고 늘 하던 대로 콩나물 장사, 누에치기, 명주옷 만들기 등 그야말로 눈물겨운 나날을 보내며 열심히 일했습니다.

그런데 얼마 지나지 않아 그 거간꾼이 또다시 찾아왔습니다. 그 돌산을 다시 팔라는 것이었습니다. 좋은 값을 주겠다고 했습니다. 그녀는 사기당한 것은 자기 하나로 족하지 다른 사람까지 손해 입히고 싶지 않아 거부했습니다.

그런데 그 거간꾼은 포기하지 않고 찾아와 땅을 팔라고

거듭 요구했습니다. 계속 거절하자 값을 더 쳐주겠다며 높은 가격을 제시했습니다. 그래도 거절하자 이번에는 백 과부가 출석하는 교회 목사님을 찾아가 돌산을 사게 해달라고 요구했습니다. 그래도 팔지 않겠다고 하자, 이번에는 돌산을 사려는 사람이 직접 찾아왔습니다. 일본인 사업가 오노다(小野田)였습니다. 시멘트 사업가인 그가 백 과부 소유의 돌산을 사고자 한 것은 그 산이 시멘트 제조에 가장 우수한 석회석으로 이루어져 있기 때문이었습니다. 거간꾼은 백 과부를 속여 돌산을 사게 했지만, 그 돌산은 보화를 숨긴 산이었습니다.

사람들은 믿음으로 사는 백 과부를 하나님이 복 주셨다고 말했습니다. 그는 일본인 사업가의 간곡한 청을 거절할 수 없어 다시 팔기로 했는데, 평당 70전으로 산 땅을 무려 20배가 넘는 가격으로 되팔았습니다. 오노다는 이곳에 시멘트 회사를 설립했는데, 이것이 우리나라 최초의 시멘트 회사였습니다.

남에게 속아서 풀 한 포기 없는 돌산을 샀지만, 남에게 손해를 끼치지 않으려는 정직한 마음이 거꾸로 땅값을 엄청나게 올리는 결과를 가져왔습니다. 이것은 정직한 자에게 주시는 하나님의 위로였을 것입니다.

그런데 귀한 것은 백 과부가 이렇게 얻은 재물로 이웃을 섬겼다는 것입니다. 1908년 다리가 없어 불편한 평안남도 대동군 고평면에 백선교를 준설해 주었습니다. 1922년 평양 모처에 공회당이 필요하다고는 소식을 듣고 3층짜리 공회당을 건립해 주었습니다. 1923년과 1924년에는 조만식 장로의 자문을 받아 광성학교, 창덕학교, 숭인사업학교에 후원금을 기부했고, 학교 부지가 없어 어려움을 겪는 평양 숭현학교에 2만 6천 평의 토지를 기부하였습니다. 1925년에는 자기의 전 재산을 자선 단체에 기부했습니다. 그가 평생 사회에 기부한 돈은 현재 가치로 약 316억이 넘는다고 알려져 있습니다.

이때 사람들은 백 과부를 칭송하고 그때부터 '과부'라는 이름 대신 '백선행'(白善行)이라고 불렀습니다. 그녀는 재산을 얻은 후 30년 동안 '선행'이란 이름이 부끄럽지 않게 사재를 털어 교회당을 짓고, 학교를 세우고, 장학재단을 설립했습니다. 그녀는 이렇게 말했습니다. "돈이란 써야 돈값을 하지, 쓰지 않으면 돈값을 못 한다." 그녀가 86세의 나이로 세상을 떠날 때, 재산은 한 푼도 남지 않았다고 합니다. 그녀의 장례식은 한국 여성으로서는 최초로 '사회장'으로 치러졌고, 장례식에는 1만여 명의 인파가 운집해 한 그리스도인

과부의 죽음을 추모했습니다. 300개의 화환과 만장 등이 들어선 장의행렬은 2km나 이어졌다고 합니다. 당시 평양 시민의 3분의 2인 10만 명의 시민이 거리로 나와 평양 백과부의 장례를 지켜보았다고 합니다.[68] 그리스도인은 이렇게 살아야 합니다. 참된 권사는 돈을 모으는 일에만 집중하는 삶이 아니라 가치 있는 일에 쓰는 데 집중하는 사람입니다.

조수옥 권사(1914-2002) | 그녀는 20세에 결혼했으나 남편의 외도로 2년 후에 이혼했습니다. 이것이 계기가 되어 22세인 1934년에 예수님을 믿게 되었습니다. 통영에서 간호사와 봉제 교사로 일하다가, 기왕 예수님을 믿으려면 제대로 믿어보자고 진주여자성경학교에 들어가 공부한 후 1938년 6월, 25세 나이에 사천군 삼천포교회에서 전도부인[69]으로 사역을 시작했습니다.

1936년부터 불기 시작한 일본의 신사참배 강요가 삼천포에도 매섭게 찾아왔습니다. 그해 10월 일본의 강압적인 신사참배에 맞서다 조수옥 권사는 일본 경찰에 의해 삼천포에서 추방당했습니다. '하나님 말씀의 첫 계명에 우상을 섬기지 말라고 했는데, 산 사람인 천황을 신처럼 여기고 절한다는 것은 있을 수 없는 것'이라는 생각으로 이마저도 달게 받아들였습니다. 이때부터 조수옥 권사의 고난은 해방될 때까지 계속되었습니다.

초량교회는 갈 곳 없는 조수옥 권사를 받아들였습니다. 이곳에서는 그래도 은밀하게 신사참배 반대운동을 할 수 있었습니다. 이후 조수옥 권사는 1940년 1월 신사참배 반대운동과 운동자금을 모금하는 일을 했습니다. 그러다 1940년 9월 20일 새벽, 일본의 일제 검거령에 따라 초읍동 자택에서 체포되어 북부산 경찰서에 감금되었다가 1941년 8월 25일 평양형무소로 이송되어 혹독한 고문과 심문을 받았습니다. 이 대대적인 검거로 투옥된 초량교회 출신 중에는 주기철 목사, 한상동 목사, 방계성 장로 등이 있었습니다. 이후 1945년 8월 17일에 출옥될 때까지 기나긴 고난과 형극의 시간을 형무소에서 보냈습니다.

"때로는 '더는 견딜 수 없습니다'라고 심중에 부르짖을 때도 있었지만, 사정이 호전되지 않아도 하나님이 함께해 주시고 십자가의 주님이 동행해 주시는 것을 생각하면 무한한 위로가 되고, 그리스도의 고난이 넘치는 것처럼, 심중에 위로가 넘쳐서 감격의 눈물을 흘리며 감사했습니다." 그녀의 고백입니다. 고난 중에 위로와 감사를 경험한 조수옥 권사는 5년 만에 마지막 출옥 성도로 형무소를 나오게 되었습니다.

 해방된 후 조수옥 권사는 평양형무소 안에서 한 자신과의 약속을 지켰습니다. 1945년 12월 이약신 목사의 권면으로 자신의 사재를 털어 마산 구암동에 인애원을 설립하고 불우한 청소년들과 고아들을 돕는 사업에 본격적으로 뛰어들었습니다. 해방 이후 거리를 떠돌던 불쌍한 아이들을 거두어 먹인 것이 반세기가 흘렀습니다. 조수옥 권사는 2천여 명의 고아들을 키워내면서 고아들의 어머니가 되었습니다. 작은 인애원은 시간이 지남에 따라 탁아시설인 인애어린이집, 영세민을 돕는 경남사회복지관, 복지사업자들을 교육하는 경남사회복지교육원, 경남 보육시설 교육훈련원, 노인들을 무료로 진료하는 인애의원으로 확대되었습니다. 고아들의 대모 조수옥은 2002년 제1회 유관순상을 수상했고, 이어 일가 김용기상을 수상했습니다.[70] 이처럼 그녀는 한 교회를 넘어 전국교회를 섬기고, 더 나아가 민족을 섬기는 일을 한 귀한 인물이었습니다.

2장
권사의 자격

오랫동안 인도에서 선교사로 사역한 카마이클은 "우리의 사역은 우리의 삶 자체보다 결코 깊어질 수 없다"라는 말을 자주 했다고 합니다. 우리는 어떤 직분을 맡아 일하려고 하기 전에 먼저 그 일에 합당한 사람이 되어야 합니다.[71] 그 합당한 권사가 되기 위한 자격은 무엇일까요?

총회 헌법이 말하는 권사의 자격

먼저 총회 헌법이 말하는 권사의 자격은 『총회 헌법』, '정치, 제3장 교회의 직원, 제3조 교회의 임시직원, 3항 권사'[72]에 다음과 같이 나와 있습니다.

권사의 자격과 선거와 임기

① 자격 : 여신도 중 만 45세 이상 된 입교인으로 행위가 성경에 적합하고 교인의 모범이 되며 본 교회에서 충성되게 봉사하는 자

② 선거 : 공동의회에서 투표수 3분의 2 이상의 찬성을 얻어야 한다(단, 당회가 공동의회에 그 후보를 추천할 수 있다).

③ 임기 : 권사는 안수 없는 종신 직원으로서 정년(만 70세) 때까지 시무할 수 있다(단, 은퇴 후에는 은퇴 권사가 된다).

권사는 만 45세 이상의 세례 받은 여 성도 또는 유아세례 후 입교 예식을 마친 여 성도여야 합니다. 행위가 성경에 적합하고, 교인의 모범이 되어야 하며, 충성되게 봉사해야 합니다. 선거는 공동의회에서 투표수 3분의 2 이상의 찬성을 얻어야 권사로 피택됩니다. 임기는 안수 없는 종신 직원으로서 시무는 정년인 만 70세까지 할 수 있습니다.

성경이 말하는 권사의 자격

성경에는 권사라는 단어가 없습니다. 따라서 권사의 자격을 언급한 구절은 없습니다. 그러나 집사의 기준을 가지

고 적용할 수 있습니다. 총회 결의에 근거해 그렇게 말할 수 있습니다. 1955년 열렸던 제40회 총회에서 권사 제도에 관해 다음과 같이 언급하고 있습니다.

"여 권사 제도 설치에 대한 그 자격 및 선거, 권한, 대우 등을 여하(如何)히 하는지 교시(敎示 : 가르쳐 보임)하여 달라는 청원건은, 자격은 전도사와 같이 신앙의 연조가 깊고 교회 봉사에 경험이 많은 이로서 선거 방법은 안수집사 선거 방법에 의하며, 권한은 제직 회원이 되고, 대우는 안수집사와 같이 무급으로 교회를 봉사하는 직분으로 규정함이 가한 줄 아오며. … 회록 서기가 회록을 낭독하니 채용하기로 가결하다."[73]

선거 방법도 안수 집사 선출 방식으로 하고, 대우도 안수 집사와 같이 무급으로 한다고 되어 있기 때문에 권사 자격에 대한 성경적 근거를 집사 선출 자격에 대한 디모데전서 3장 8-13절과 사도행전 6장 3, 5절을 준용하여 살펴보겠습니다.

정중하고(딤전 3:8) | 권사는 반드시 정중해야 합니다. '정중하고'로 번역된 헬라어는 '셈노스'(σεμνός)인데 신약성경에 단 4회 나타납니다(빌 4:8; 딤전 3:8, 11; 딛 2:2). 이 단어는 보통

'고귀한, 존경할 만한, 귀중한, 훌륭한' 무언가를 가리킬 때 사용됩니다. 따라서 권사는 주변의 사람들에게 반드시 존경받을 만한 사람이어야 합니다.[74] 권사는 리더이기 때문에 따를 만한 사람, 즉 존경받는 사람이어야 합니다.[75] 인격과 삶을 존경받는 사람이 되어야 권사로서 역할을 더 잘 감당할 수 있습니다. 그래야 교인들이 그를 신뢰하기 때문입니다.

일구이언을 하지 아니하고(딤전 3:8) | 권사의 두 번째 자격은 일구이언해서는 안 된다는 것입니다. 헬라어 '디로고스'(δίλογος)는 문자 그대로 '같은 것을 두 번 말하다'라는 뜻으로, 신약성경에서는 오직 여기에서만 나타납니다. 일구이언하는 사람은 어떤 사람에게는 이렇게 말하고 다른 사람에게는 저렇게 말하거나, 또는 말은 같은데 뜻을 다르게 말합니다. 이런 사람은 위선적이고 진실하지 못합니다. 그의 말은 믿을 수 없고, 따라서 신용이 없습니다.

따라서 권사는 반드시 말을 조심하는 사람이어야 합니다. 해서는 안 될 말을 하지 않고, 말할 때 진리에 충실해야 합니다. 권사는 사랑 안에서 진실을 말해야 합니다. 자신의 개인적 이익을 위해 상황을 조작하려고 시도하는, 말만 번

지르르한 사람이어서는 안 됩니다.[76] 말의 문제는 그 사람에 대한 신뢰의 문제입니다. 믿음의 비밀을 가진 사람은 다른 사람의 말을 퍼뜨리거나 상대에 따라서 말을 다르게 하지 않습니다.[77]

술에 인박이지 아니하고(딤전 3:8) | 본질적으로 술에 중독된 사람은 누구라도 교회 직분자로 섬길 수 없습니다.[78] 물론 여성은 술에 중독된 사람이 적습니다. 그러나 혹시 예외적으로 술에 중독될 수 있기에 이 부분도 자격으로 제시합니다. 술은 사람을 파괴합니다. 관계를 파괴합니다. 술은 성도의 덕을 세우지 못합니다. 우리는 예수님 외에는 그 누구에게도, 그 무엇에게도 중독되어서는 안 됩니다. 중독은 지배받는 것입니다. 술에 중독된 사람은 술에 지배받아 교회를 파괴합니다.

더러운 이를 탐하지 아니하고(딤전 3:8) | 이스라엘 백성이 여리고 성을 점령할 때 아간이 손대지 말아야 할 것에 손을 댄 결과 그의 가정이 하나님의 심판을 받았던 것을 잊지 말아야 합니다(수 8:1-26). 우리는 교회 안에서 물질적인 욕심으로 성도나 교회에 피해를 주지 말아야 합니다.

깨끗한 양심에 믿음의 비밀을 가진 자(딤전 3:9) │ 권사는 반드시 '깨끗한 양심에 믿음의 비밀'을 가져야 합니다. '믿음의 비밀'은 비의(秘儀) 종교에서처럼 소수의 사람만이 아는 내용이 아닙니다. 바울 사도가 가르치는 비밀은 그리스도의 성육신과 십자가와 부활에 대한 복음입니다. 이는 우리가 추구하여 얻는 것이 아니라 주님께서 알려주심으로 얻는 것입니다. 믿음의 비밀을 가진 사람이 권사의 직분을 바르게 행할 수 있습니다.[79] 믿음의 비밀을 가진 사람은 자기를 자랑하지 않고 나의 구주 예수님만을 자랑합니다. 그러한 자가 권사로서 사역을 감당할 때, 섬김받는 사람이 믿음의 비밀까지 함께 전달받는 유익을 얻게 됩니다.

결과적으로 이 말은 권사의 교리적 신앙을 가리킵니다. 믿음에 관해서 파선한 사람들(딤전 1:19)과 양심이 화인을 맞은 사람들(딤전 4:2)과는 달리 권사는 흔들림 없이 참된 복음을 굳게 붙들어야 합니다.

그러나 이 자격요건은 단순히 믿음만을 문제 삼지 않습니다. 왜냐하면 반드시 '깨끗한 양심에' 이런 믿음을 가져야 하기 때문입니다. 다시 말해서, 권사의 행동은 그의 믿음과 일치해야 합니다. 만약 그렇지 않으면 그의 양심이 그를 비난할 것입니다. 따라서 이 자격은 권사의 교리적 신앙

뿐만 아니라 그의 행동에 대해서도 말합니다. 교리를 믿는 것만으로 충분하지 않습니다. 죄로 얼룩지지 않은 깨끗한 양심을 동반해야 합니다.[80]

시험하여 보고(딤전 3:10) | 권사는 선거로 뽑히기 이전에 먼저 검증되어야 합니다. 그런 후에 책망할 것이 없으면 권사의 직분을 맡게 해야 합니다(딤전 3:10). 바울은 책망할 것이 없다고 입증된 사람이 직분자로 섬길 자격을 갖는다고 말합니다. '책망할 것이 없다'(아넹클레토스, ἀνέγκλητος)는 것은 비난받을 것이 없다(blameless)는 뜻입니다.

바울이 어떤 종류의 테스트를 하라고 명시하고 있지는 않지만, 최소한 후보자의 개인적 배경, 평판, 신학적 입장이 점검되어야 합니다. 도덕적·영적·교리적 면을 테스트할 뿐만 아니라 교회 안에서 봉사도 고려해야 합니다. 봉사할 때 타인과의 관계가 원만한지도 점검해야 합니다. 점검되지 않는 사람에게 권사 직분을 맡기면 나중에 많은 문제를 일으킬 수 있습니다.[81] 그래서 칼빈은 이렇게 말했습니다. "이 입증의 과정은 단시간이 아니라 오랜 단련의 기간을 통하여 이루어집니다. 즉 직분자의 임직은 아무나 손에 닿는 사람을 무분별하게 급하게 택하는 것이 아니라 자세하게 조사하여 과거 생활을 통해서 적합한 자로 판명될 정도의 사람을 추천받아 선발해야 합니다."[82]

    직분자에 대한 성경의 교훈을 보면 실제적인 직무보다는 성품에 관한 내용이 많습니다. 직분을 행하는 구체적인 방법론이 아니라 신앙으로 형성된 인품을 중요하게 가르치는 목적은 권사의 봉사로 교우들이 모두 그리스도의 성품을 나타내면서 살도록 하려는 데 있습니다. 교회의 직분자들이 그리스도를 본받아 성품에 변화가 일어나면, 다른 교우들에게도 많은 감화를 끼치게 됩니다. 이것이 그 직분자가 감당하는 가장 중요한 일입니다. 그리스도께서 직접 주님의 백성을 다스리시지만, 연약한 사람을 사용하여 주님의 통치권을 행사하십니다. 따라서 직분자가 겸손히 주님의 통치를 받으면서 맡겨주신 일을 행할 때, 죄인을 구원하시고 연약한 자를 돌보시는 주님의 다스리심을 가장 잘 나타내게 됩니다. 세상에서는 능력 있는 사람을 직분자로 세우려고 하지만 주님께서는 말씀으로 변화된 사람을 사용하여 그분의 사랑을 나타내십니다. 이것이 주님의 지혜로운 방식입니다.[83]

성령이 충만함(행 6:3) | 사도행전 6장을 보면 성령 충만한 사람을 직분자로 뽑았습니다. 성령 충만하지 않으면 죄성의 지배를 받기 때문에 주님의 몸 된 교회를 잘 섬길 수 없습니다. 성령 충만하여 성령의 통치를 받는 사람이 직분자가 되어야 합니다. 그렇지 않으면 자신의 성질대로, 세상의 방식대로 교회를 섬겨서 교회를 어렵게 만들 수 있습니다. 참된 권사는 성령 충만하기 위하여 좋은 예배자가 되어야 합니다. 경건의 삶이 탄탄해야 합니다. 매 순간 성령께서 주시는 감화에 따라 순종하는 사람이 되어야 합니다. 성령이 충만한 사람은 성령의 열매를 맺습니다.[84] "오직 성령의 열매는 사랑과 희락과 화평과 오래 참음과 긍휼과 양선과 충성과 온유와 절제니 이 같은 것을 금지할 법이 없느니라"(갈 5:22-23). 성령 충만하지 못한 사람을 권사로 세우면, 교회와 복음에 아무 유익이 되지 못합니다.[85]

지혜가 충만함(행 6:3) | 여기서 말하는 지혜는 세상적인 꾀가 아닙니다. 하나님께서 주시는 지혜입니다. 즉 하나님의 뜻과 방법대로 교회를 섬기는 지혜를 말합니다.[86] 그 지혜가 하나님의 지혜임을 검증할 방법은 다음과 같습니다. '거룩한 지혜인가? 평화를 이루는 지혜인가? 하나 되게 하

는 지혜인가?' 이런 물음에 그렇다고 대답할 수 있어야 합니다. 사람을 다치게 하지 않고 세우는 지혜여야 합니다. 선을 이루고 덕을 세우는 지혜여야 합니다. 그것이 하나님이 주신 지혜입니다. 이 지혜를 얻기 위해 참된 권사는 늘 성경을 읽고 기도하면서 하나님의 지혜를 구해야 합니다.

칭찬받는 사람(행 6:3) | 앞에서 말한 바와 같이 참된 권사는 인격적인 존경을 받는 사람이어야 합니다. 권사는 세상의 권력으로 일하는 사람이 아니기에 성령의 능력과 지혜야 있어야 하며, 더불어서 교우들의 존경을 받아야 합니다. 그러할 때 권사의 직분을 제대로 감당할 수 있습니다. 직분을 받을 때만이 아니라 일생을 칭찬받는 사람으로 살아가는 것이 참된 권사가 걸어야 할 길입니다.

선거 때 성도들의 표를 받기 위해서 일시적으로 노력하는 사람이 권사가 된다면 그는 참된 권사라고 할 수 없습니다. 일생을 칭찬받는 사람으로 살아야 합니다. 어떤 성도는 권사가 되기 위해 선거 운동을 하기도 합니다. 그러나 우리 총회 헌법은 선거 운동을 하는 것을 금지하고 있습니다[87]. 권사는 선거 운동을 하지 않아도 당선될 수 있을 만큼 성도들의 존경을 받는 사람이어야 하기 때문입니다. 어떤 경우는 영적으로, 인격적으로 준비되지 않았는데 선거 운동을 하여 당선되기도 합니다. 그것은 두고두고 본인과 교회에 큰 부담이 됩니다. 그런 일은 하지 말아야 합니다. 혹여라도 존경받지 않는데 선거 운동으로 선출되었다면, 이제부터 존경받는 권사가 되도록 대신관계(對神關係)와 대인관계(對人關係)에서 성숙하도록 노력해야 합니다.

믿음이 충만함(행 6:5) | 참된 권사는 믿음이 충만한 사람입니다. 충만하다는 말은 충만한 그것의 지배를 받는다는 말입니다.[88] 믿음이 충만한 사람은 환경의 지배를 받는 사람이 아니라 믿음의 지배를 받는 사람입니다. 그런 권사가 교회를 세웁니다. 환경을 바라보는 대신 하나님을 바라보고, 하나님께서 주시는 감동을 따라 순종하는 사람이 교회를 세웁니다. 계산적인 사람은 자기 수준의 교회를 섬깁니다. 그러나 믿음의 사람은 하나님 수준의 교회를 세웁니다. 그래서 참된 권사는 하나님께 믿음을 주시도록 기도해야 합니다.

3장
권사의 역할

총회 헌법에서 제시한 권사의 역할을 살펴보겠습니다.

총회 헌법이 말하는 권사의 역할

총회 헌법은 권사의 직무와 권한에 대해 이렇게 설명하고 있습니다(『총회 헌법』, 정치, 제3장 교회의 직원, 제3조 교회의 임시직원, 3항 권사).

권사의 직무와 권한

권사는 당회의 지도 아래 교인을 방문하되 병환자와 환난을 당하는 자와 특히 믿음이 연약한 교인들을 돌보아 권면하는 자로 제직회 회원이 된다.

권사는 그 역할을 감당할 때 당회의 지도를 받아야 합니다. 당회의 지도 없이 권사 역할을 하다 보면, 교회의 질서를 깨뜨려 결과적으로는 교회에 유익하지 않은 일을 하게 됩니다. 그래서 반드시 당회의 지도를 받아 가면서 직무를 행해야 합니다. 권사는 이름 그대로 교인들을 돌보며 권면하는 사람이 되어야 합니다. 심방의 대상은 병환자, 환난을 당하는 자, 연약한 교인입니다. 이들을 우선적으로 섬기는 것이 권사의 중요한 역할입니다.

기도의 어머니 | 권사의 가장 중요한 역할은 기도의 어머니입니다. 한나처럼 기도하는 어머니가 되어야 합니다. 심방 중에 최고는 기도로 준비된 심방입니다. 권사가 방문하기 전에 하나님께서 방문하셔야 합니다. 하나님께서 앞서가실 때 그 심방이 병환자, 환난을 당한 자, 연약한 자들을 진정으로 살리는 심방이 될 것입니다.

권사는 기도의 기본기가 튼튼해야 합니다. 이를 위해 새벽기도의 용사가 되어야 합니다. 금요기도회의 불침번이 되어야 합니다. 심방할 대상뿐만 아니라 내가 맡은 여러 성도들을 위해, 당회와 목회자들을 위해, 담임목사님을 위해, 한국교회와 대한민국을 위해 기도해야 합니다. 한국교회 부흥의 시대에는 권사님들의 뜨거운 기도가 살아 있었습니다. 기도는 마치 기찻길 즉 레일을 까는 것과 같습니다. 기도의 레일이 깔린 곳에 하나님의 응답 기관차가 달려옵니다. 성도들을 위하여, 교회의 미래를 위하여, 교회의 지도자들을 위하여 기도의 레일을 깔면, 하나님의 때에 하나님께서 응답 기관차를 몰고 달려오십니다.

기도하지 않고 일하면 우리만 일합니다. 그러나 우리가 기도하면 하나님께서 일하십니다(When we work, we work. When we pray, God works). 권사는 무엇보다 기도의 비밀을 가지고 있어야 합니다. 당신을 권사로 세운 것은 기도하는 어머니가 되라는 것입니다. 기도의 자리를 사수하십시오. 참된 권사가 되는 매우 중요한 원동력이 될 것입니다.

담임목회를 할 때 이른 새벽 기도의 자리에 나오시던 권사님들의 모습을 보면 그렇게도 감사할 수가 없었습니다. 그분들은 기도의 동역자들이었습니다. 언제나 교회를 사랑하고 헌신하는 분들이었습니다.

2007년 부산 프랭클린 그레이엄 전도집회를 앞두고 이 집회를 위해 헌금을 할 때, 새벽기도의 용사이신 K 권사님이 본인의 묘지 문서를 들고 저를 찾아왔습니다. "드릴 것이 없으니 저의 묘지라도 바칩니다." 담임목사인 저는 큰 감동을 받았습니다. "권사님, 돌아가시면 어디에 묻히시려고요?" 권사님은 지체하지 않고 대답하셨습니다. "기도하면서 결정했습니다. 제 시신을 고신대학교 의과대학 병원에 의학 실험용으로 바치려고 합니다." 이 아름다운 감동의 이야기는 삽시간에 전 교인에게 전파되었고, 전 교인이 기쁨으로 헌신하여, 그때 상상 이상의 헌금을 전도집회를 위해 드릴 수 있었습니다. 권사님의 헌신은 기도의 자리에서 시작된 것이었습니다. 기도할 때 주신 하나님의 감동에 순종함으로 바친 값진 헌신이었습니다. 기도하는 사람은 상상할 수 없는 헌신을 하며, 그 헌신은 다른 성도들의 마음에 대단한 파장을 일으킵니다. 지금도 그 권사님의 웃는 얼굴이 떠오릅니다. 잊을 수 없는 얼굴입니다.

그분이 주일학교 교사로 계실 때 평택 따님 집에 가시곤 했는데, 손자, 손녀가 할머니를 못 가시게 하려고 신발을 숨겨놓으면, 그분은 슬리퍼를 신고 사랑하는 제자들이 기다리는 부산으로 오셨습니다. 91년을 사시면서 단 한 번도 주일성수를 하지 않으신 적이 없는 분이었습니다.

묘지를 바친 후 몇 년이 지나 K 권사님은 하나님의 부름을 받으셨고, 저는 그분의 장례식을 인도했습니다. 발인예배 후 고신대학교 의과대학에서 와서 권사님을 모셔가는

데 그 뒷모습을 보며 하늘의 하나님께 감사했습니다. "하나님, 이렇게도 존귀한 권사님과 동역한 것이 제게 주신 하나님의 큰 복이었습니다." 기도의 자리를 사수하는 권사가 참된 권사입니다.

돌봄의 어머니 | 권사는 돌봄의 어머니여야 합니다. 내가 맡은 구역(셀, 소그룹) 식구들을 잘 돌보아야 합니다. 구역뿐만 아니라 교구의 환자들, 환난을 당한 성도, 연약한 성도를 살피고 잘 돌보아야 합니다.

제가 B교회를 담임할 때입니다. K 권사님은 자신의 목장(구역) 모임을 너무나 잘 이끄신 분이었습니다. 불교에서 개종한 성도님이 한 분 계셨는데 어찌나 잘 돌보셨는지, 목장 모임을 통해 그 성도의 믿음이 쑥쑥 자랐습니다. 그래서 교회에 소중한 일꾼이 되었습니다. 그 권사님은 신앙의 궁금한 문제들을 친절하게 가르쳐주었습니다. 평상시에 성경을 정독하고, 성경 전체를 조망하는 훈련을 받으신 분이었기에 그렇게 좋은 멘토가 되었습니다. 또 예배와 기도회에 같이 다니며 예배드리는 법, 기도하는 법을 가르쳐 주었습니다. 칼빈은 "사역은 그리스도인들을 지속적으로 묶어 한 몸이 되게 하는 원동력이다"[89]라고 했습니다. 지금은 천국으로 이민 가셨지만, 그 권사님의 신실한 목자의 삶은 그분이 돌보던 성도님들의 삶에 열매를 맺고 있습니다.

제 인생에 잊을 수 없는 또 한 분의 권사님은 저의 주일학교 담임선생님이셨습니다. 초등학교 3학년 겨울 방학, 즉 4학년 올라가기 직전 겨울에 저희 아버님이 돌아가셨습니다. 저를 무척 사랑해 주시고, 외아들이라고 유난히 더 아껴주셨던 아버님이 돌아가신 것은 저의 마음에 너무나 큰 충격으로 다가왔습니다. 모든 것이 싫어졌습니다. 사람들을 만나는 것이 싫었고, 아버님이 돌아가신 이야기를 듣는 것, 심지어 위로의 말조차 싫었습니다. 그때는 몰랐지만, 소아 우울증을 앓았던 것 같습니다. 그래서 교회에 나가지 않았습니다. 1년을 나가지 않았습니다. 그때 매주 찾아오신 선생님이 바로 권사님이셨습니다. 1년이 되어가자 어린 제 마음에도 미안한 마음이 들었습니다. 그래서 1년 만에 교회를 다시 나가게 되었습니다.

저는 장기결석자가 다시 교회에 나가는 것이 얼마나 망설여지는지 압니다. '내가 다시 나가면 사람들이 뭐라고 말할까? 이상하게 생각하지는 않을까?' 여러 생각으로 다시 교회에 나가는 것이 쉽지 않습니다. 그러나 저는 권사님의 따뜻한 손길에 힘입어 다시 나가게 되었습니다. 감사하게도 그때 주일학교 전도사님의 설교는 요셉의 이야기였고, 그 말씀은 저를 사로잡았습니다. 형들에게 배신당하고 이집트로 팔려 가서 노예살이하다가 총무가 되어 살 만해졌는데, 이상한 여자 때문에 감옥에 가고, 감옥에서도 파라오의 비서관들 꿈을 해석해 줌으로 석방될 것 같았는데, 비서관이 2년이나 잊고 지냅니다. 하지만 하나님께서 요셉을 잊어버리지 않으시고 파라오의 꿈을 요셉이 해석하는 상황으로 인도하셔서 마침내 그는 이집트의 총리가 됩니다. 이 말씀을 들으면서 제게도 희망이 생겼습니다. '내가 비록 아버지가 돌아가신 가난한 집의 아들이지만, 하나님께서 인도해 주시면 나의 가는 길에도 희망이 있을 수 있다. 하나님께서 반드시 좋은 길로 인도하실 것이다.'

초등학교 1학년 때부터 신앙생활을 시작했지만, 내가 하나님을 만난 것은 교회를 다시 나간 초등학교 5학년 때부터였습니다. 그 후부터 저는 달라졌습니다. 하나님의 말씀이 마음에 들어오니, 어린이지만 언어가 달라졌고 태도가 달라졌습니다. 교회에 가는 것이 그렇게 즐거울 수가 없었습니다. 그때는 주일학교 학생들에게도 오후 예배와 수요 예배가 있었습니다. 여름성경학교 때는 새벽기도회도 있었습니다. 저는 모든 순서를 빠뜨리지 않고 가서 은혜를 받았습니다. 중등부 때는 중등부 회장을, 고등부 때는 고등부 회장을 맡았고, 고등학교 3학년에 올라가는 겨울 방학 때 우리 교회 저녁예배에 오신 군목님의 군 선교 보고와 설교를 듣고 목사의 소명을 받았습니다. 그리하여 이후 군목으로 섬기고, 여러 교회에서 목회하고, 지금은 총신대학교에서 섬기고 있습니다.

지나온 인생길을 뒤돌아보면, 한 분 권사님의 돌봄이 저의 오늘을 있게 한 하나님의 손길이었습니다. 아버지가 돌아가신 가난한 집의 외아들, 아무 보잘것없는 저를 찾아와 돌보아 주신 P 권사님! 그분의 사랑 넘치는 돌봄은 오늘의 저를 있게 하였습니다.

얼마 전 그 권사님께서 하나님의 부름을 받으셨습니다. 저는 그 장례식에 가서 입관예배 때 추모의 말씀을 나누었습니다. 오늘 제가 있는 것은 하나님의 은혜요, 권사님의 돌봄 때문이라는 것을 나누었습니다. 그리고 탈무드의 한 문장을 나누었습니다. "누구든지 한 사람을 구하는 것은 전 세계를 구하는 것이다"(Whoever saves one life saves the entire world.). "권사님은 저 하나를 살리셨지만, 저를 통하여 제가 군목으로 있으면서 복음을 전해 예수님을 구주로 영접하고 세례를 받은 3천여 명의 장병을 구원한 것입니다.

권사님은 저 하나를 살리셨지만, 저를 통하여 B교회의 수많은 성도들을 목양하신 것입니다."

한 사람 한 사람을 소중히 여기고 돌보는 것이 하나님의 뜻입니다. 그것이 당신을 권사로 세우신 목적입니다. 그렇게 할 때 당신이 돌보는 그 사람이 살아나게 될 것입니다. 나아가 당신이 상상할 수도 없는 일을 그가 할 수도 있습니다. 참된 권사는 돌봄의 사람입니다.

모범의 어머니 | 권사는 모든 성도가 주목하는 사람입니다. 모범이 될 때 하나님께서 영광을 받으시며 교회는 큰 유익을 얻게 됩니다. 언행심사가 하나님 중심, 성경 중심, 교회 중심이 되어야 합니다. 말 한마디를 해도 하나님께 영광이 되고 교회에 유익이 되어야 합니다. 행동 하나를 해도 하나님께 영광이 되고 교회에 유익이 되어야 합니다.

때로는 권사에게도 큰 시련이 다가옵니다. 그때 말과 행동은 권사의 신앙 수준을 보여줍니다. 제가 B교회 담임목사로 부임한 초기에 큰 시련이 있었습니다. 교회 청년 몇 사람이 여름에 밀양에 갔다가 안타까운 일이 발생했습니다. 한 청년이 물에 빠져 숨진 것입니다. 40대 젊은 목사였던 저는 이 일을 어떻게 감당해야 할지 막막했습니다. 기도하는 마음으로 사고 현장으로 달려가시는 어머님 권사님께 전화를 드렸습니다. "권사님, 어떻게 하면 좋아요." 차를 타고 가며 전화를 받으신 B 권사님의 목소리는 오랜 세월이 지난 지금도 여전히 제 귓전을 때립니다.

"목사님, 이제야 독생자를 십자가에 내어놓으신 하나님의 마음을 조금이라도 알 것 같습니다."

외아들을 잃은 권사님의 마음에서 이런 위대한 신앙고백이 나오다니! 이것은 평소에 신앙이 준비되지 않은 성도에게서는 절대로 들을 수 없는 말입니다. 어떤 어머니가 외아들의 죽음을 슬픔으로 받아들이지 않겠습니까? 탄식과 원망으로 반응할 수도 있을 법한데, B 권사님은 단 한 번도 남에게 탓을 돌리지 않으셨습니다.

물론 저는 압니다. 믿음으로 반응했지만 정서적인 슬픔과 그리움은 그렇게 쉽게 사라지지 않으셨을 것입니다. 그럼에도 불구하고 그 큰 충격과 슬픔을 성숙하게 대하신 B 권사님, 고개가 깊이 숙여지는 존경스러운 권사님이셨습니다. 그 후에도 권사님은 기도의 자리와 봉사의 자리를 지키셨고, 담임목사의 애환을 함께하며 기도로 후원해 주셨습니다. 하나님께서 그 권사님의 자손들을 크게 복 주시길 기도합니다.

나눔과 베풂의 어머니 | 권사는 넉넉한 마음으로 나누고 베풀어 주는 어머니입니다. 어머니는 가진 것이 적을지라도 자녀를 위해 자신이 가진 모든 것을 나누어 주고 베푸는 삶을 평생 살아갑니다. 자신을 위해서 움켜쥐는 모습은 결코 어머니의 본 모습이라 할 수 없을 것입니다. 권사는 교회의 어머니로 교회의 교역자들과 성도들에게 나누고 베푸는 삶을 살아가야 합니다. 마음을 나누고 시간을 나누고 물질을 나누는 권사야말로 교회의 어머니로서 참된 모습을 보여준다고 할 수 있습니다.

B교회를 담임할 때 K 권사님은 원로목사님의 기도원 건축을 위해 부지 전부를 바치신 분이었습니다. 그분은 다음 세대 목회자 사역을 위해서 헌신하시고, 나이 든 여성도들을 위해서 기도 모임을 만들고, 그분들을 위해 1년에 한두 번은 하루 여행을 준비하며 섬기신 분입니다. 그 권사님 때문에 연세 있는 여성도들이 큰 힘을 얻었습니다.

용산에 있는 S교회의 P 권사님은 나눔과 베풂의 모범을 보여주시는 분입니다. 주일 점심 S교회 식당의 밥값은 2천 원입니다. 주일학생과 20세 미만은 1천 원입니다. 그러나 70세 이상의 어르신 성도들은 밥값을 내지 않습니다. 처음에는 70세 이상의 어르신도 1천 원을 받았었는데, P 권사님이 70세 이상의 성도들에게 밥값을 받지 않도록 매달 식당 헌금을 하십니다. 그 권사님의 연세가 90이 넘었지만, 노인 성도들에게 자신의 물질을 나누시는 것입니다. 주일학교 성경학교나 교역자 수련회 때에도 늘 지갑을 열어 물질을 나누고 베푸는 모습을 보여주십니다. 그런데 헌금과 기부를 하면서 늘 하시는 말이 있습니다. 자신의 이름을 결코 밝히지 말아 달라는 것입니다.

총신대학교 신학대학원에는 외국인 유학생을 위한 목회학석사(M. Div.) 과정이 있습니다. 아프리카나 아시아의 저개발국가에서 온 유학생들을 길러 본국에서 목회와 선교 사역을 감당하도록 하는 총신 신대원의 매우 중요한 사역입니다. 이를 위해서 여러 교회가 유학생들을 선발하여 등록금 절반과 기숙사비, 생활비를 감당해 오고 있습니다. 평소에도 교회에서 나눔과 베풂을 실천하시는 P 권사님의 소망은, 자신이 복음을 전하는 일꾼을 키우고 하나님 나라에 가서 잘했다 칭찬을 받는 것입니다. 이를 위해 그분은 아무도 모르게 이름을 밝히지 않고 이런 일꾼을 키우는 장학사업을 하고 싶다는 뜻을 같은 교회에 시무하는 L 장로에게 말씀하셨습니다. 세계 곳곳에서 전도와 선교를 감당하는 일꾼을 키우는 총신 글로벌 유학생 제도를 L 장로에게

들은 P 권사님은 큰 결심을 하고 3억 원이라는 큰 금액을 2023년에 총신대학교에 기부하셨습니다. 교수회의가 있는 날 기증식을 하였는데, 평생 동안 은행에 저축하신 돈과 집안 이곳저곳에 넣어 둔 현금 3억을 종이상자 안에 빼곡히 채워 오셨습니다. 이날 총신의 교수님들은 연로하신 권사님의 기부를 보면서 큰 감동을 받았습니다. 물질 때문이 아니라 권사님의 귀한 영혼과 마음의 나눔을 목격하였기 때문입니다.

반포에 있는 N교회의 J 권사님도 그러합니다. 한국교회와 세계교회를 위한 목회자와 평신도 지도자를 배출하는 총신대학교를 위해 아낌없이 많은 기부를 하셨습니다. 그러면서 절대로 다른 사람에게 알리지 말라고 하시며 감사패조차 거부하셨습니다. 이런 귀한 권사님들이 있어서 한국교회와 세계교회를 위한 인재를 배출하는 총신대학교는 힘을 얻어 오늘도 사역하고 있습니다.

권사는 나눔의 사람이어야 합니다. 그 나누는 것이 꼭 물질이 아니어도 좋습니다. 시간이 허락하면 시간을 나누면 됩니다. 절망 가운데 있는 사람을 보면 그를 찾아가 위로하고 기도해 주는 시간을 가지면 됩니다. 이것이 마음을 나누고 베푸는 것입니다. 같은 교회의 성도를 위해서만이 아니라 믿음이 없는 주변 사람들을 위해서도 시간과 마음을 나누어 주는 권사가 되어야 합니다. 나눔과 베풂은 절망의 상황에 빠진 이를 구하는 생명줄이 됩니다. 목마른 사람에게 건네는 한 바가지의 시원한 물이 됩니다. 굳게 닫힌 상대의 마음을 열게 만드는 열쇠입니다. 진심을 다해 시간을 나누고 마음을 나누고 가진 것을 나누어 주변 사람을 돌보는 것이 바로 전도요 선교입니다. 참된 권사는 나눔과 베풂을 통해 복음을 전하는 귀한 어머니요, 전도자요, 선교사입니다.

목회자들의 어머니 | 권사님 중에는 목회자들의 어머니 같은 분들이 계십니다. 바울 사도에게도 그런 여성도님이 있었습니다. "주 안에서 택하심을 입은 루포와 그의 어머니에게 문안하라 그의 어머니는 곧 내 어머니니라"(롬 16:13). 얼마나 따뜻하게 대해주었으면, 바울 사도가 "그의 어머니는 곧 내 어머니니라"라고 말했을까요?

N교회의 권사님들은 이민교회 담임목회를 하던 40대 젊은 담임목사를 그렇게 대해주셨습니다. 이민의 땅에서 외로울 때 끊임없는 기도와 큰 도움을 주셨던 P 권사님, Y 권사님 등은 잊을 수 없는 분들입니다.

한편 제게만 아니라 부목사님들을 그렇게 대해주신 권사님들이 떠오릅니다. 대부분 교회의 부목사들은 경제적으로 어렵기 때문에 공부할 겨를이 나지 않습니다. B교회에서 목회할 때 K 권사님은 부목사들의 목회학 박사 과정의 학비를 소리 없이 도와주셨습니다. 여러 목사님이 그 권사님의 소리 없는 헌신 때문에 학위를 마치고 담임목사로 나아가 귀한 사역을 감당하고 있습니다. 부목사들을 돕는 것은 한국교회의 내일을 돕는 것입니다. 한 분의 부목사님이 잘 세워지면, 담임목사가 되어 그분이 섬기는 교회를 살리게 될 것입니다. 부목사들을 위한 기도와 후원은 한국교회를 위한 아주 소중한 헌신이 될 것입니다.

목숨을 걸고 목회자를 보호하는 어머니 | 바울 사도는 로마서 16장 3-4절에서 이렇게 말합니다. "너희는 그리스도 예수 안에서 나의 동역자들인 브리스가와 아굴라에게 문안하라 그들은 내 목숨을 위하여 자기들의 목까지도 내놓았나니 나뿐 아니라 이방인의 모든 교회도 그들에게 감사하느니라."

브리스가는 아굴라의 부인이었습니다. 부부의 이름이 나올 때는 일반적으로 남편의 이름이 먼저 나오지만, 여기서는 아내인 브리스가의 이름이 먼저 나옵니다. 그래서 학자들은 남편보다 아내가 신앙이 더 깊었고 주도적으로 주님의 몸 된 교회를 섬겼다고 말합니다. 이것은 오늘날에도 경험하는 이야기입니다. 남편보다 부인 권사님의 신앙이 더 좋고 헌신적이면, 권사님의 이름이 먼저 떠오르는 것과 같은 이치입니다. 바울 사도가 위기의 순간을 맞이할 때마다 브리스가는 남편 아굴라를 설득하여 자신들의 목숨을 걸고 바울 사도를 보호했던 것입니다.

저도 전도사로부터 41년, 목사 안수 후로 37년이 지난 오늘까지 긴 목회의 시간을 뒤돌아보면, 이렇게 저를 보호해 준 권사님들이 있었습니다. 기도로, 격려로, 물질로 도와주신 그분들, 지금은 천국에 계신 잊지 못할 권사님들이 헤아릴 수 없이 많습니다. 부족한 제가 지금까지 주님의 몸 된 교회와 총신을 섬길 수 있는 것도 보호자의 역할을 해주신 권사님들 덕분입니다. 그분들은 하나님께서 제게 주신 선물이셨습니다. 이 선물을 주신 하나님을 찬양합니다.

3부
권사의 사역

권사 사역의 성경적 본질, 기능, 더 나아가
권사 사역의 출발점과 종착점에 대해서
살펴보고자 합니다.

1장
권사 사역의 본질

본질이 중요한 이유는 모든 능력이 본질에서 나오기 때문입니다. 참된 권사의 능력은 본질을 잘 갖추어야 소유할 수 있습니다. 권사로서 본질을 잘 갖추어 가는 참된 권사는 교회를 건강하게 세우는 핵심 일꾼이 됩니다.

하나님을 알아가는 권사

신앙의 본질 중 하나는 하나님을 아는 것입니다. 하나님을 안다는 것은 무엇을 말할까요? 성경을 많이 공부했다는 뜻일까요? 성경을 많이 암송한다는 뜻일까요? 성경에서 말씀하시는 하나님을 아는 지식은 무엇을 의미할까요?

호세아 4장 6절에서 하나님을 '안다'(다아트, דַּעַת)는 것은 하나님과의 교통(교제)을 통해서 하나님을 아는 것을 말합니다. 이것은 단순히 지식적인 앎이 아니라 그분과 지성, 감성, 의지를 통해 알며 사랑하는 것을 말합니다.[90]

이것을 기준으로 볼 때 하나님을 아는 지식이 없어 망한다는 말은 하나님과 교제가 없고, 그래서 하나님을 사랑하지 않게 되니, 우상을 숭배하게 되고 타락하게 되어 망하게 된다는 말입니다. 여기에 하나님을 여호와(יהוה)로 소개하고 있습니다. '여호와'의 뜻은 무엇일까요? 첫째, 이스라엘 하나님의 고유한 이름, 둘째, 생명을 주시는 분, 창조자, 셋째, 절대적이고 변함이 없으신 분, 넷째, 자기모순과 변함이 없이 영원히 사시는 분, 다섯째, 스스로 있는 자, 본질상 이름을 부여할 수 없는 분, 불가해(不可解)하신 분[91]이란 뜻입니다.

하나님의 이름인 여호와의 뜻을 알게 되면서 어떤 마음이 듭니까? 그분을 높이며 찬양하고 신뢰하고 순종할 수밖에 없고 한없는 용기를 얻을 수밖에 없습니다. 하나님은 인격적인 분이십니다. 하나님이 만드신 인간도 인격적인 존재입니다.[92] 인격적 존재는 의사소통과 사랑의 교제가 가능합니다. 우리의 신앙은 인격적이어야 합니다.

그렇다면 인격적 신앙이란 무엇일까요? 그것을 이렇게

공식화할 수 있습니다.

> 인격적 신앙 = 지식(성경 읽고 연구) + 감정(묵상, 기도, 찬양 → 하나님에 대한 사랑) + 의지(순종)

적지 않은 성도들이 신앙이 지식적인 것이라고 생각합니다. 그러나 지식은 성경이 말하는 신앙의 전부가 아닙니다. 지식도 분명히 필요합니다. 성경을 통해서 하나님이 어떤 분인지 머리로 알아야 합니다. 그러나 여기서 더 나아가 그 말씀을 묵상하고 기도하고 찬양하면서 하나님에 대한 사랑을 반드시 느껴야 합니다. 하나님을 향한 사랑의 감정이 인격적 신앙의 두 번째 요소입니다. 하나님을 사랑하지 않으면 하나님 대신에 다른 것을 나의 우상으로 섬길 수 있기 때문입니다. 그리고 더 나아가 하나님의 감동(말씀, 기도, 찬송)에 순종하는 의지까지 있어야 합니다. 그래야 온전한 신앙생활을 하는 것입니다. 이것이 바로 인격적 신앙입니다. 삶의 모든 순간에 우리는 이런 인격적인 신앙을 가져야 합니다(시 119:12; 시 34:8; 요일 2:4-5).

제임스 패커 박사는 인격적 신앙과 지식적 신앙을 다음과 같이 구분했습니다. "하나님에 대해서 아는 것은 하나님과의 개인적인 교제 없이 지식적으로만 하나님을 배우는 것입니다. 반면에 하나님을 아는 것(Knowing God)은 하나님과 개인적인 교제를 통하여 전인격적으로 하나님이 어떤 분이신지 내가 경험하는 것을 말합니다."93)

기독교는 종교가 아니라 관계라는 말이 있습니다. 하나님과 인격적인 관계를 맺는 것이 기독교 신앙입니다. 단순히 종교의식을 행하거나 신앙의 대상을 지식적으로만 아는 것이 아니라 그분을 사랑하고, 그분의 말씀에 순종하는 것입니다. 이것이 기독교가 다른 종교와 차별화된 점입니다.

하나님을 알아갈 때 얻는 유익

① 하나님께 영광을 돌리는 유익 : 하나님을 아는 지식이 있을 때 하나님께 기쁨을 드리고 영광을 드립니다. 우리는 하나님을 알기 위해 창조되었기 때문입니다(호 6:6).94)

② 삶에서 최고의 기쁨을 누리는 유익 : 하나님을 알 때 우리는 삶에서 최고 기쁨을 누리게 됩니다(렘 9:23-24).

③ 우리의 삶 전체를 바꾸어 놓는 유익 : 하나님을 아는 지식(알아감)은 변화를 일으키는 지식입니다(골 3:5-10). 하나님과 인격적인 교제가 없는 성도는 지식적으로는 그리스도

인일 수 있지만 삶으로는 이교도입니다.[95] 하나님을 알면, 하나님의 위대하심을 알고 하나님 앞에서 겸손해집니다. 하나님께서 주시는 위로, 평안, 힘, 기쁨이 증가됩니다.[96]

칼빈은 하나님을 아는 지식은 우리를 억제시키는 고삐[97]라고 했습니다. 우리가 타락하지 않도록 우리를 통제하는 고삐입니다. 이것이 없으면 고삐 풀린 망아지처럼 우리는 함부로 삽니다. 그것이 바로 호세아 시대 북이스라엘의 문제였습니다. 그래서 바울 사도는 그리스도를 아는 것이 가장 고상하다고 했습니다(빌 3:8). 가장 고상하다는 말은 가장 가치 있다는 말입니다.

당신은 삼위일체 하나님을 아는 지식, 즉 전인격적인 지식이 우리의 인생에서 가장 가치 있다는 것을 인정하십니까? 인정한다면 하나님과의 전인격적 교제를 위해 우리 인생에서 배설물로 버려야 할 것은 무엇인가요? 하나님을 아는 지식이 가장 가치 있는 것이라면 우리는 언제까지 하나님을 아는 지식이 자라가야 할까요?(벧후 3:18)

④ 이 땅에서 영생을 누리는 유익 : 영생(永生, eternal life)은 성경에 두 가지 의미로 사용됩니다. 첫째, 사후 천국에 들어가서 누리는 영생입니다. 성도는 죽자마자 그 영혼이 천국으로 들어갑니다. 그리고 삼위일체 하나님과 앞서간

성도들과 행복한 영생을 누리게 됩니다. 예수님이 재림하실 때에는 몸이 부활하여 몸까지 영생에 참여하게 됩니다(딤후 4:18). 성도가 죽자마자 가는 천국이 어떤 곳인지에 대해서는 예수님의 승천을 설명하는 루이스 벌코프 박사의 『조직신학』에 나옵니다.

"승천은 중보자이신 예수님께서 그분의 인성을 가지고 지상에서 천국으로 올라가신 가시적 승천으로 묘사됩니다. 그 승천은 분명히 이곳에서 저곳으로 장소의 이동을 의미합니다. 이것은 지상뿐만 아니라 천국도 장소임을 의미하는 것입니다."[98]

천국은 막연한 상상의 나라가 아니라 공간으로서 실재한다는 것을 잊지 마십시오(눅 18:30).

둘째, 현재 이 땅에서 누리는 영생입니다. 하나님께서는 우리에게 이 땅에서도 영생을 누리는 복을 주셨습니다. 고난과 역경이 많은 세상에서 하나님의 통치를 받으며, 나의 인격과 삶이 변화되고, 어떤 고난도 이기는 승리를 경험하는 것이 이 땅에서 누리는 영생입니다(요 6:47; 17:3; 갈 6:8; 요일 3:15; 롬 14:17). 17세기의 로렌스 형제는 우리가 현재 이 땅에서 영생을 어떻게 경험할 수 있는지를 그의 삶으로 보여 줍니다.

"일하는 내내 하나님이 바로 옆에 계신 것처럼 끊임없이 그분께 말을 걸면서 내 일을 그분께 알려드리고 그분의 도우심에 감사를 드렸습니다. 일을 마치고 나서 잘못된 것에 대해서는 철저히 반성했습니다. 그래서 잘한 점을 발견하면 하나님께 감사했습니다. 실수한 것은 낙심하는 대신 하나님께 용서를 구하는 회개 기도를 드리고 나서 여전히 하나님 안에 거하면서 일을 계속했습니다."[99]

이런 하나님과 교제를 계속할 때 우리는 이 땅에서도 계속해서 영생을 누리게 됩니다. 우리는 예배 시간에만, 집에서 성경 읽는 시간에만, QT 하는 시간에만, 기도하는 시간에만 하나님과 교제한다고 생각할 수 있습니다. 물론 그것이 가장 중요한 기초입니다. 그러나 더 중요한 것은 매일매일, 순간순간마다 하나님께 여쭙고, 도우심에 감사하고, 나의 잘못에 대해 낙심하지 않고 회개하면서 하나님의 뜻을 따라 사는 것입니다. 거기에 놀라운 영생을 누리는 삶이 있습니다.

프랭크 루박 선교사님은 현재 이 땅에서 영생을 누리기 위하여 '1분 게임'이라는 것을 시도했습니다. 하나님과의 동행을 연습하는 것입니다. "1분 게임, 역시 다른 습관들을 형성할 때처럼 쉽기도 하고 어렵기도 합니다. 지금까지 당신은 일주일에 몇 초, 혹은 몇 분 정도만 하나님을 생각했을 것입니다. 그리고 나머지 시간에는 하나님에 대한 생각을 전혀 하지 않았을지도 모릅니다. 그러나 이제는 로렌스 형제처럼 깨어 있는 시간의 매 분마다 하나님에 대한 생각을 하려고 노력해야 합니다. 적어도 60초에 한 번은 하나님을 생각하는 것이 목표가 되어야 합니다. 처음에는 쉽지 않지만 계속해서 습관을 형성하면, 하루의 90%를 하나님을 기억하는 날이 올 것입니다. 1분 게임 카드를 만드십시오. '나는 지난 한 시간 동안 총 몇 분 동안 하나님을 생각하였습니다.'"[100]

이렇게 살 때 우리는 이 땅에서 영생을 누리게 됩니다. 제임스 패커 목사님은 경건을 이렇게 정의했습니다. "경건함이란 하나님의 계시에 대한 신뢰와 순종, 믿음과 예배, 기도와 찬양, 복종과 섬김으로 반응하는 것을 의미합니다. 삶은 하나님의 말씀 아래에서 드러나고 영위되어야만 합니다. 바로 이것이 참된 종교입니다"(갈 4:9; 출 33:17; 요일 4:10).[101] 그러므로 하나님을 아는 지식에 있어 철저하게 하나님의 은혜를 구하는 마음과 기도를 드리며 나아가야 합니다.

하나님을 사랑하는 권사

교회는 항상 피 묻은 복음을 통해서 하나님의 사랑을 알고 체험함으로써 복음의 넓고 깊은 의미를 알아갔습니다. 우리의 신앙생활은 도덕적인 의무나 종교적인 어떤 규칙만을 실천하는 것이 아닙니다. 참된 신앙은 하나님을 사랑하는 것입니다.[102] 그러면 이제 신앙의 본질 중 하나인 하나님을 사랑하는 것에 대해 함께 알아봅시다.

가장 큰 계명 | 어느 날 한 율법사(lawyer, 모세 율법의 전문가)가 예수님께 묻습니다. "율법 중에서 어느 계명이 가장 큰 계명입니까?" 사실 이것은 긴장되는 질문이었습니다. 율법의 전문가가 묻는 것이었던데다, 그 사람의 의도는 예수님을 시험하려는 것이었기 때문입니다. 잘못 대답하면 성경도 알지 못하는 사람이라고 예수님을 비난하고 매장하려는 의도에서 던진 질문이었습니다. 이에 대해서 예수님은 아주 탁월한 대답을 내놓습니다. "예수께서 이르시되 네 마음을 다하고 목숨을 다하고 뜻을 다하여 주 너의 하나님을 사랑하라 하셨으니 이것이 크고 첫째 되는 계명이요 둘째도 그와 같으니 네 이웃을 네 자신같이 사랑하라 하셨으니 이

두 계명이 온 율법과 선지자의 강령이니라"(마 22:37-40).

강령(綱領)의 한자는 '어떤 일의 으뜸이 되는 내용, 어떤 단체의 목적을 요약한 것'이라는 뜻입니다. 헬라어로는 '크레만누미'(κρεμάννυμι)로, '의존해 있다'(depend on), '걸려 있다'(hang on)라는 의미입니다. 즉 하나님 사랑과 이웃 사랑에 구약성경(율법)이 다 걸려 있다는 말입니다. 하나님 사랑과 이웃 사랑을 하지 않으면 성경의 진리가 다 무너지거나 떨어져 버린다는 뜻입니다. 그러니 하나님 사랑과 이웃 사랑이 얼마나 중요합니까? 당신은 하나님을 얼마나 사랑하십니까? 이웃을 얼마나 사랑하십니까?

하나님을 알아야 하나님을 사랑할 수 있다 | 하나님을 더 알아갈수록 하나님을 더 사랑할 수 있습니다. 하나님을 사랑하기 위해서는 하나님을 알아야 합니다. 로이드 존스 목사님은 이렇게 말했습니다. "우리의 가장 큰 목표와 노력은 그분을 더 잘 아는 것에 맞추어져야 하며, 그렇게 할 때 그분을 진정으로 사랑할 것입니다."[103]

하나님의 사랑은 세 가지로 나타났다고 로이드 존스 목사님은 말합니다. 그것은 창조, 섭리적 관심과 배려, 그리고 예수 그리스도입니다.

① 창조 : 우주 만물을 창조하시고 나를 창조하신 것 자체가 하나님께서 나를 사랑하신다는 증거입니다(창 1:21; 5:2; 사 43:1; 45:18; 65:17; 벧전 4:19; 전 12:1).

② 섭리적 관심과 배려 : 섭리(攝理)란 잡고 다스린다는 뜻입니다. 하나님께서는 내가 넘어지지 않도록, 곁길로 가지 않도록 잡고 다스려 주십니다. 다스린다는 말은 좋은 의미입니다. 다스리시는 분이 선하신 하나님이시기 때문입니다. 다른 말로 하면 인도하신다는 뜻입니다. 그래서 섭리적 관심과 배려라고 하는 것입니다. 하나님께서 나를 잡고 인도해 주십니다. 한 번도 살아보지 않은 인생길에서 하나님이 나를 잡고 인도하신다는 것은 얼마나 놀라운 일입니까?(마 5:45; 10:29-31; 시 23:1)

③ 예수 그리스도 : 하나님의 사랑이 가장 크게 나타난 것은 예수 그리스도를 우리에게 보내셔서 우리의 죄를 대속하기 위해 십자가에서 죽게 하신 것입니다(요일 4:9-10; 요 3:16; 롬 8:35-39).

이 사랑을 묵상하고 깨달은 사람은 하나님을 사랑하지 않을 수 없습니다. 이것이 우리가 하나님을 사랑하는 출발점입니다. 나를 창조하시고, 섭리하시고, 예수 그리스도를 통하여 구원의 은총을 베푸신 그 사랑은 그 무엇으로도 갚을 길이 없습니다.

스펄전 목사님의 고백은 우리 마음을 흔들어 놓습니다. "하나님이여, 내 몸에 흐르고 있는 피 중 단 한 방울이라도 주를 위해 흘리기를 싫어하는 피가 있다면 그 피를 흘리게 해주시고 찢기기 싫어하는 살이 있다면 도려내어 주시옵소서."[104] 진정으로 하나님이 어떤 분인지, 하나님의 사랑이 어떤 사랑인지를 알 때 우리도 이런 멋진 성도의 삶을 살게 됩니다.

하나님은 독점적 사랑을 원하신다 | 하나님은 우리에게 독점적·배타적 사랑을 원하십니다. 이것이 십계명과 아가서와 호세아서에 나타나는 하나님의 마음입니다. 하나님께서는 우리에게 독점적 사랑을 원하십니다. 그것을 질투하시는 하나님이라고 표현하십니다(신 4:24). 질투라는 단어는 긍정적이고 호의적인 분위기를 전달해 주지 않습니다. 우리는 '질투'라는 단어를 떠올릴 때, 뭔가 좀 쩨쩨하고 속 좁은 사람을 연상하게 됩니다.[105] 하나님께서 자신을 질투하시는 하나님이라고 하신 것은 하나님 자신이 쩨쩨하다는 뜻일까요? 아닙니다. 하나님은 위대하신 분입니다. 모든 것

을 가지신 분, 모든 것을 하실 수 있는 분입니다. 그런데 왜 쩨쩨한 느낌을 주는 '질투'라는 단어로 자신을 소개하실까요? 우리를 사랑하시기 때문입니다. 하나님께서 우상숭배를 너무나 엄청난 문제로 여기시는 까닭은, 우리를 향한 하나님의 사랑이 모든 것을 태우는 뜨거운 사랑이기 때문입니다. 하나님은 우리를 지극히 사랑하시기 때문에 우리를 우상과 나눠 갖지 못하십니다.[106]

여기서 '질투'라는 단어가 하나님에 대해서 사용될 때는 신인동형적(神人同形的)인 표현입니다. 그것은 하나님의 속성을 인간이 이해하도록 인간의 언어로 설명하는 것입니다. 예를 들면, 여러분의 배우자가 다른 사람과 바람을 피우는데도 화가 나지 않는다면 그것이 진짜 사랑입니까? 아닙니다. 화가 나야 하고, 가만히 있을 수 없고, 그것을 해결해야 진짜 사랑입니다(호 2:2).

또한 여기서 하나님과 성도를 남편과 아내로 표현한 것은 성적인 의미가 아니라 독점적 사랑의 관계를 의미한 것(not sexual meaning, but exclusive relationship of love)입니다. 우리가 하나님만을 사랑하지 않고 다른 신이나 다른 것을 사랑하는 것을 성경은 우상숭배라고 합니다. 또 영적 간음이라고 합니다.

그런데 이런 우상숭배로는 우리의 마음을 채울 수 없습니다. 이에 대해 조정민 목사는 이렇게 말씀합니다.

"신을 부정하면 두 갈래 길을 만납니다. 누군가에게 신성을 부여하든지 아니면 자신을 신격화하든지 둘 중 한 길을 갑니다. 인간을 지으신 신을 부정하면 결국 인간의 손으로 신을 만들지 않고서는 무엇으로도 메울 수 없는 빈자리가 있기 때문입니다. 그러나 아무리 신격화된 인간일지라도 신만이 채울 수 있는 공간을 인간이 채울 수 없습니다. 너무 크고 너무 넓고 너무 깊은 공간이기 때문입니다. 채우고 채워도 채워지지 않는 빈 공간을 채우는 것은 혼돈과 공허와 어둠입니다. 그곳은 원래 인간을 위한 곳이 아닙니다. 피조물과 다른 존재, 빛과 사랑과 생명의 주체이신 하나님이 좌정하지 않으면 누구도 대치할 수 없는 자리입니다. 하나님을 떠난 인간이 쉴 새 없이 그 자리를 대신 채우고자 만들어낸 대체품의 목록은 끝이 없습니다."[107]

하나님 대신 하나님 자리에 올려놓은 우상은 우리의 신앙과 인생을 파괴한다는 것을 꼭 기억해야 합니다. 카일 아이들만 목사님은 그것을 이렇게 명료하게 지적하고 있습니다. "우상숭배는 많은 죄 가운데 하나가 아니다. 그것은 다른 모든 죄를 낳는 큰 죄이다. 우상숭배는 '하나'의 문제가 아니다. 그것은 우리가 가진 '모든' 문제의 본질이다."[108]

그렇다면 현대인에게 우상은 무엇일까요? 보이는 형상만이 아니라 다음과 같은 우상이 있다고 카일 아이들만 목사님은 소개합니다. 1) 음식, 2) 섹스, 3) 오락, 4) 성공, 5) 돈, 6) 성취, 7) 로맨스, 8) 가족, 9) 나 자신, 이상 아홉 가지입니다.

다음 질문은 당신의 우상이 무엇인가를 보여줍니다. 아홉 가지 우상과 관련된 질문입니다.

> - 나는 무엇에 실망하는가? • 나는 무엇을 불평하는가?
> - 나는 무엇을 걱정하는가? • 나는 무엇에 화를 내는가?
> - 나는 무엇을 꿈꾸는가?   • 나는 어디에 돈을 쓰는가?
> - 무엇이 나의 피난처인가? • 나는 무엇을 검색하는가?[109]

우상숭배는 하나님께서 가장 심각한 죄라고 여기시는 것입니다. 하나님과의 관계를 파괴하는 영적 불륜이며 간음입니다. 이런 우상숭배를 심각하게 여기고 고쳐야 하나님께 영광을 올려드리는 신앙생활이 가능하며 인생이 진짜 행복해집니다.

우리 시대의 가장 뛰어난 기독교 지성인이라고 하는 데이비드 웰스는 이런 말을 했습니다. "하나님의 거룩한 사랑이 성도들의 성화, 예배, 봉사의 기초이며, 우리의 성화, 예배, 봉사는 모두 하나님의 거룩한 사랑에 대한 우리의 반응이다."[110]

우리 신앙생활의 근거는 하나님의 거룩한 사랑입니다. 그 사랑에 대한 반응으로서 우리는 하나님을 사랑하는 것입니다.[111] 참된 권사는 하나님을 지극히 사랑하는 사람입니다.

하나님을 사랑하는 증거 | 하나님께서는 우리를 관계적 존재로 창조하셨습니다. 즉 우리는 사랑을 하고 사랑을 받도록 지음을 받았습니다.[112] 하나님을 사랑하는 사람은 반드시 그 증거를 가지고 있습니다. 하나님을 사랑하면 이웃을 사랑하게 됩니다. 이런 사람이 하나님을 사랑하는 사람입니다.

신약성경에 '세상'이라는 단어는 '코스모스'(κόσμος)입니다. 그 뜻은, 첫째, 지구(earth), 둘째, 인류(mankind), 셋째, 하나님에 대해 적대적인 것(which is hostile to God)[113]입니다. 여기서는 셋째 의미로 사용되었습니다. 우리가 사랑해서는 안 되는 세상은 세 번째 의미입니다. 세상 사람들은 하나님의 심장으로 사랑해야 합니다(요 3:16).

하나님을 경외하는 권사

하나님을 사랑하는 것과 경외하는 것이 서로 균형을 이룰 때 우리 신앙은 하나님께서 기뻐하시는 신앙이 될 것입니다. 아브라함을 비롯한 수많은 믿음의 선진들이 하나님을 경외하는 삶을 살았습니다. 그렇기에 그들은 자기 중심성을 이기고 수많은 마귀의 유혹을 뿌리치면서 하나님의 뜻을 이루는 성도로서 살아갈 수 있었습니다. 그렇다면 경외란 무엇일까요?

경외란 무엇인가?

경외는 공포와 구별되는 단어입니다. 한자로 보아도 경외(敬畏)는 공경할 경(敬)에 두려워할 외(畏)입니다. 공경하면서 두려워하는 것입니다. 그러나 공포(恐怖)는 두려워할 공(恐)에 두려워할 포(怖)입니다. 오로지 두려워하는 것입니다. 하나님은 공포(horror)의 대상이 아니라 경외(godly fear)의 대상이십니다.

경외는 히브리어로 '이르아'(יִרְאָה)라고 합니다. 이 단어의 뜻은 기본적으로 두려움(fear)이지만 하나님에 대해서 사용될 때는 경건한 두려움을 말합니다. 또 존경과 경의[114]의

뜻도 있습니다. 여호와를 경외한다는 말은 하나님을 두려워한다는 뜻입니다. 그분이 공포스러운 존재여서가 아니라 그분을 너무 존경하기에 두려워하는 것입니다. 그분이 지극히 높으신 창조주이시며 역사의 통치자이시기 때문에 두려워하는 것입니다. "하나님을 경외한다는 것은 그분을 존경하고 존중하는 것을 포함합니다. 거룩한 경외는 그분께 그분의 위엄에 합당한 영광과 존귀와 감사, 경배 그리고 찬양을 드리는 것입니다."115)

경외는 영어 성경에 주로 fear(경외, 두려움)로 번역되어 있습니다. 그러나 흠정역116)에는 godly fear(경건한 두려움)로 번역되어 있습니다. 영어 성경에서 fear는 문맥에 따라 일반적인 두려움, 또는 경외로 해석합니다(사 33:6; 시 112:1; 115:13; 잠 3:7-8; 9:10-11; 14:27; 29:25).117)

경외의 유익

하나님을 경외하는 삶은 성도에게 많은 유익을 줍니다. 사람을 두려워한다는 것은 어떤 행동을 할 때 하나님보다 사람의 반응을 더 의식하는 것을 말합니다. 이 두려움은 올무가 됩니다. 우리에게 하나님을 경외하는 마음이 있다면, 오직 하나님의 반응만 의식할 것입니다. 하나님을 경외하면 '다른 사람이 어떻게 생각할까?' 하는 염려에서 자유로워집니다. 그것은 자유와 해방감과 안도감을 줍니다(잠 31:30).[118]

자기중심적인 죄, 이기적인 죄, 기도하지 않는 죄, 자기만족에 빠진 죄, 자기 의를 내세우는 죄 가운데 있는 사람은 하나님을 경외하는 마음이 없는 사람입니다. 이런 단계에 있는 사람들은 죄를 미워하기는커녕 자기에게 이런 죄가 있다는 사실조차 인정하려 들지 않습니다.[119]

경외의 유익으로는 또 무엇이 있을까요?

① 하나님의 말씀과 영광에 대한 존경심을 갖게 됩니다(창 42:18; 시 119:161).

② 자기 부인의 삶을 살게 됩니다(느 5:15; 눅 14:27).

③ 악한 일에 빠지지 않습니다(잠 8:13; 시 39:1).

④ 하나님께서 부흥을 주십니다(행 9:31).

⑤ 하나님께서 그의 언행심사와 충성을 기억하십니다(말 3:16).

⑥ 성실한 마음을 갖게 됩니다(골 3:22; 고전 10:31).

⑦ 이웃 사랑을 실천합니다(왕상 18:3-4; 행 10:2).

⑧ 열정적이고도 지속적인 기도를 합니다(히 5:7; 행 10:2).

⑨ 하나님께 드리는 마음이 생깁니다(히 11:17; 창 22:11-12).

⑩ 겸손합니다(롬 11:20; 딤전 3:6).

⑪ 소망을 갖습니다(시 147:11).

⑫ 은혜의 방편을 성실하게 활용합니다(롬 6:22; 히 12:14; 빌 2:12).

⑬ 하나님의 말씀에 대한 즐거움이 있습니다(시 112:1).

⑭ 마음이 넓어집니다(사 60:5).[120]

존 번연은 이상 열네 가지로 하나님을 경외하는 것의 유익함을 말하고 있습니다. 이런 유익은 성도의 신앙생활에 꼭 필요한 것입니다. 하나님을 진정으로 사랑하면 성도는 하나님을 경외하게 되어 있습니다(잠 16:6; 욥 1:8). 참된 권사는 이렇게 하나님을 경외합니다.

경외의 방법

하나님을 경외하는 것은 어떻게 실천할 수 있을까요?

① 다른 존재가 아니라 하나님만을 경외해야 합니다(롬 1:21-25; 전 12:13; 말 3:16).[121]

② 성경을 읽고 순종해야 합니다(잠 2:1-5; 시 111:10; 112:1; 119:63; 삼상 2:30).[122]

③ 기도에 힘써야 합니다(시 145:19).

④ 거짓말하지 말아야 합니다(시 34:11-14)

⑤ 교회에서 하나님을 경외해야 합니다(골 3:12-17) [123]

⑥ 자녀 양육에서도 하나님을 경외해야 합니다(엡 6:4; 딤후 3:15) [124]

⑦ 삶의 현장에서 하나님을 경외해야 합니다(출 1:17, 21) [125]

참된 권사는 이런 경외의 삶을 통해 하나님을 영화롭게 하고, 예수님을 닮아가는 성화를 경험합니다. 그리고 교회와 가정과 사회에서 실질적인 선한 영향력을 끼칩니다. 하나님을 경외하는 권사는 참으로 보배로운 권사입니다.

2장
권사 사역의 기능

총회 헌법에 제시된 권사 사역의 기능은 다음과 같이 정리할 수 있습니다(『총회 헌법』, 정치, 제3장 교회의 직원, 제3조 교회의 임시직원, 3항 권사」).[126]

권사의 직무와 권한

권사는 당회의 지도 아래 교인을 방문하되 병 환자와 환난을 당하는 자와 특히 믿음이 연약한 교인들을 돌보아 권면하는 자로 제직회 회원이 된다.

당회가 해야 하는 심방을 대신 한다

모든 심방을 권사가 해야 한다는 뜻이 아닙니다. 담임목사님과 교역자들이 하는 심방이 분명히 있습니다. 권사는 그 심방에 동참해서 함께 기도하며 성도들을 격려합니다. 그러나 혼자서 또는 몇 명의 권사가 심방해야 하는 상황도 있습니다. 그때는 당회를 대신하여 심방하는 것입니다. 그래서 총회 헌법에 당회의 지도 아래 교인을 방문하라고 되어 있습니다. 권사는 독립된 직분이 아님을 늘 기억해야 합니다. 그리스도의 몸의 지체입니다. 그리고 주님께서 세우신 담임목사님과 당회의 지도 아래에 있습니다.

교인을 방문하는 심방을 해야 한다 | 심방은 총회 헌법에 명시된 권사의 매우 중요한 역할입니다. 심방하지 않는 권사는 생각도 할 수 없습니다. 권사의 사명은 심방에 있습니다. 심방(尋訪)은 찾을 심, 방문할 방입니다. 찾아 방문하는 것입니다. 사람들이 나를 찾아와 상담이나 기도를 요청하기 전에 먼저 찾아 나서는 것입니다. 따라서 심방을 영어로는 '목양적 방문'(pastoral visitation)이라고 합니다. 물론 이 표현은 목회자의 심방을 의미합니다. 그러나 목자가 양을 돌보듯이 권사가 교인을 방문할 때도 적용될 수 있으리라고 생각합니다. 방문의 목적은 나의 어떤 유익이 아니라 방문의 대상이 되는 성도여야 합니다. 그를 돕기 위해 찾아가야 합니다.

우리는 사람들이 주릴 때 먹을 것을 주고, 목마를 때 마시게 하며, 나그네 되었을 때 영접하고, 옥에 갇혔을 때 찾아가 보아야 할 사명이 있습니다(마 25:31-46). 교회 안에 지극히 작은 성도를 돌보는 것이 예수님을 돌보는 것입니다. 주님을 돌보듯 주님의 형제 중 어려움에 처한 사람을 심방하며 위로하고 돌보는 일을 등한히 해서는 안 됩니다.[127] 참된 권사는 성도를 돌아보는 심방에 힘쓰는 사람입니다.

  교인 중 환자를 심방해야 한다 | 심방에서 우선순위는 환자여야 합니다. 몸과 마음이 아플 때 사람은 가장 힘들어합니다. 그럴 때 누군가의 방문은 매우 큰 힘이 됩니다. 심판 때 임금 되신 예수님께서 오른편에 있는 자들에게 "내가 … 병들었을 때에 (너희가 나를) 돌보았고 …"(마 25:35-36)라고 말씀하셨습니다. 이에 의인들이 "주여 우리가 어느 때에 주께서 … 병드신 것이나 옥에 갇히신 것을 보고 가서 뵈었나이까"(37-39절)라고 대답하니, "너희가 여기 내 형제 중에 지극히 작은 자 하나에게 한 것이 곧 내게 한 것이니라"(40절)고 말씀하셨습니다. 야고보는 "너희 중에 병든 자가 있느냐 그는 교회의 장로들을 청할 것이요 그들은 주의 이름으로 기름을 바르며 그를 위하여 기도할지니라"(약 5:14)고 했습니다.[128] 심방과 용서는 기회를 놓치면 안 됩니다. 심방

을 해야 할 시기를 놓치지 않아야 합니다. 또한 심방 대상자의 비밀을 지켜주어야 합니다. 비밀을 지켜주지 않으면 큰 상처를 받게 됩니다. 그 비밀은 배우자에게도 나누면 안 됩니다.

환자 심방의 목적
① 주님께 영광을 돌리기 위함입니다. 주님은 환자를 돌보는 것을 주님을 돌보는 것으로 여기십니다. 즉 환자 심방은 주님께 영광을 돌리는 것입니다.
② 주님의 몸 된 교회가 몸이 아픈 지체를 진심으로 사랑하기 위함입니다.
③ 환자인 성도를 도와 그가 당한 시험을 믿음으로 승리하도록 도와주기 위함입니다.
④ 환자인 성도를 도와 시련 중에도 하나님을 계속 경외하게 하기 위함입니다.
⑤ 환자인 성도와 함께 성경을 읽고 기도하여 그를 진정으로 격려하기 위함입니다.[129]

환자 심방 전
① 담임목사님 혹은 교구 담당 교역자와 의논하여 같이 가

거나 혼자 갈 것을 결정합니다.
② 그 결정에 따라 환자에 대해서 알아보고 언제 심방할 것인지 판단합니다.
③ 환자를 위해 기도하면서 심방을 준비합니다. 혼자 갈 경우, 그를 위해 하나님의 말씀을 준비합니다. 기도하면서 떠오르는 말씀이나 최근에 읽고 은혜 받은 말씀 중 환자에게 맞는 말씀을 준비합니다. 그렇지 않은 경우는 시편을 읽으면서 환자에게 유익한 말씀을 준비합니다.

환자 심방 중
① 혼자 갈 경우, 성령님의 인도를 바라며 기도하는 마음으로 심방을 진행합니다. 같이 갈 경우, 인도하시는 담임목사님 혹은 담당 교역자님을 위해 기도하며 동참합니다.
② 환자가 병원에 있다면, 병원 준수사항을 지키며 심방을 길지 않게 합니다.
③ 성경 중심으로 영적 대화를 나눕니다.
④ 환자가 대화하기 어려울 때는 말을 시키지 말고 눈을 맞추며 말씀을 전합니다.
⑤ 기도 중에 그 병실의 다른 사람을 위해서도 기도하시면 좋습니다.

환자 심방 후

① 혼자 심방한 경우, 심방 결과를 담임목사님 또는 교구 목사님에게 보고합니다.
② 환자를 위해 지속적으로 기도합니다.
③ 환자의 가족이나 가까운 사람을 통해 계속 상황을 파악합니다.
④ 환자가 받을 수 있다면 문자와 손 편지를 보내는 것도 유익합니다.
⑤ 음식을 먹을 수 있는 환자라면 반찬이나 과일 등을 보내주는 것도 좋습니다.
⑥ 필요하다고 생각하면 다음 심방 계획을 놓고 기도합니다.

교인 중 환난을 만난 자를 심방해야 한다 | 환자 다음으로 중요한 심방은 환난을 만나 인생의 위기를 겪고 있는 성도입니다. 인생을 살다 보면 다양한 환난을 만나게 됩니다. 그 환난 앞에서 당황하고 낙심할 때 심방을 받으면 환난을 이기는 데 큰 도움이 됩니다. 야고보서 1장 27절에는 "하나님 아버지 앞에서 정결하고 더러움이 없는 경건은 곧 고아와 과부를 그 환난 중에 돌보고 또 자기를 지켜 세속에 물들지 아니하는 그것이니라"고 했습니다. 진정한 경건은 환

난 중에 있는 사람을 돌보는 것입니다.

환난을 만난 성도 심방의 목적
① 주님께 영광을 돌리기 위함입니다. 주님은 환난을 만난 자를 돕는 것을 기뻐하십니다(눅 10:30~37).
② 주님의 몸 된 교회가 환난을 만난 지체를 진심으로 사랑하기 위함입니다.
③ 환난을 만난 성도를 도와 그가 당한 시험을 믿음으로 승리하도록 도와주기 위함입니다.
④ 환난을 만난 성도를 도와 시련 중에도 하나님을 계속 경외하게 하기 위함입니다.
⑤ 환난을 만난 성도와 함께 성경을 읽고 기도하여 그를 진정으로 격려하기 위함입니다.

환난을 만난 성도 심방 전
① 담임목사님 혹은 교구 담당 교역자님과 의논하여 같이 가거나 혼자 갈 것을 결정합니다.
② 그 결정에 따라 환난을 만난 성도의 상황을 알아보고 언제 심방할 것인지 판단합니다.
③ 환난을 만난 성도를 위해 기도하면서 심방을 준비합니

다. 혼자 갈 경우, 그를 위해 하나님의 말씀을 준비합니다. 기도하면서 떠오르는 말씀이나 최근에 읽고 은혜 받은 말씀 중 환자에게 맞는 말씀을 준비합니다. 그렇지 않은 경우는 시편을 읽으면서 환난을 만난 성도에게 유익한 말씀으로 준비합니다.

환난을 만난 성도 심방 중
① 혼자 갈 경우, 성령님의 인도를 바라며 기도하는 마음으로 심방을 진행합니다. 같이 갈 경우, 인도하시는 담임목사님 혹은 담당 교역자님을 위해 기도하며 동참합니다.
② 성경 중심으로 영적 대화를 나눕니다.
③ 마칠 때의 기도는 그 성도의 입장에서 하나님께 나아가는 간절한 기도를 드립니다.

환난을 만난 성도 심방 후
① 혼자 심방한 경우, 심방 결과를 담임목사님 또는 교구 목사님에게 보고합니다.
② 환난을 만난 성도를 위해 지속적으로 기도합니다.
③ 환난을 만난 성도의 가족이나 가까운 사람을 통해 계속 상황을 파악합니다.

④ 환난을 만난 성도에게 문자와 손 편지를 보내는 것도 유익합니다.
⑤ 환난을 만난 성도에게 음식이나 과일 등을 보내주는 것도 좋습니다.
⑥ 필요하다고 생각하면 다음 심방 계획을 놓고 기도합니다.

장기결석자를 심방해야 한다 | 장기결석이라는 증상이 고질화되고 만성화되기 전에 잘 알아차리고 지혜롭게 연락하며 심방하는 전략이 필요합니다. 한두 번의 접근으로 쉽게 문이 열릴 것이라고 생각하지 않아야 합니다. 인내하며 문을 두드리는 자세를 견지하는 것이 중요합니다.[130]

어떤 이유로든 공예배에 지속적으로 결석하는 사람은 영적인 문제와 생활의 문제를 가진 사람입니다. 아직 구원의 진리를 믿지 못하거나 영적 침체에 빠졌을 수 있습니다. 삶의 우선순위가 정립되지 못한 어린 신자일 수도 있고, 교회 내 성도들 때문에 상처를 받아 시험에 빠진 경우일 수도 있습니다.[131] 질병으로 인한 장기결석자도 있습니다.

권사는 이런 사람을 찾아내어 심방하며 그들의 영혼과 믿음을 돌봐야 합니다. 히브리서 기자는 "모이기를 폐하는 어떤 사람들의 습관과 같이 하지 말고 오직 권하여 그날이 가까움을 볼수록 더욱 그리하자"(히 10:25)라고 합니다. 여기 '권하다'(파라칼레오, παρακαλέω)는 '격려하다'(encourage)라는 뜻입니다. 성령님을 보혜사(파라클레토스, παράκλητος)라고 하는데 보혜사의 헬라어는 '격려하다'라는 뜻의 헬라어 '파라칼레오'와 어근이 같습니다. 권사의 사역은 성령님의 도움을 받아 다른 이들을 격려하는 것임을 보여줍니다.

장기결석자 심방의 목적
① 주님께 영광을 돌리기 위함입니다. 주님은 잃은 양을 찾기를 원하십니다(눅 15:4-7).
② 주님의 몸 된 교회가 장기결석자를 진심으로 사랑하기 위함입니다.
③ 장기결석자의 신앙과 인생을 회복하기 위함입니다.

장기결석자 심방 전
① 담임목사님 혹은 교구 담당 교역자님과 의논하여 같이 가거나 혼자 갈 것을 결정합니다.
② 그 결정에 따라 장기결석자의 결석 원인을 알아보고 언제 심방할 것인지 판단합니다.
③ 장기결석자를 위해 기도하면서 심방을 준비합니다. 혼

자 갈 경우, 그를 위해 하나님의 말씀을 준비합니다. 기도하면서 떠오르는 말씀이나 최근에 읽고 은혜 받은 말씀 중 환자에게 맞는 말씀을 준비합니다.

장기결석자 심방 중
① 혼자 갈 경우, 성령님의 인도를 바라며 기도하는 마음으로 심방을 진행합니다. 같이 갈 경우, 인도하시는 담임목사님 혹은 담당 교역자님을 위해 기도하며 동참합니다.
② 성경 중심으로 영적 대화를 나눕니다.
③ 마칠 때의 기도는 그 성도의 입장에서 하나님께 나아가는 간절한 기도를 드립니다.

장기결석자 심방 후
① 혼자 심방한 경우, 심방 결과를 담임목사님 또는 교구목사님에게 보고합니다.
② 장기결석자를 위해 지속적으로 기도합니다.
③ 장기결석자의 가족이나 가까운 사람을 통해 계속 상황을 파악합니다.
④ 장기결석자에게 문자와 손 편지를 보내는 것도 유익합니다.

⑤ 장기결석자에게 음식이나 과일 등을 보내주는 것도 좋습니다.
⑥ 장기결석자 심방은 때로 오랜 시간이 걸릴 수 있습니다. 포기하지 않고 계속해야 합니다.
⑦ 필요하다고 생각하면 다음 심방 계획을 놓고 기도합니다.

언어생활에 모범이 되어야 한다

권사의 교회 봉사는 말과 함께 행하는 봉사입니다. 심방에서 권면하는 것도 말로 하는 것입니다. 따라서 권사의 덕목 중 중요한 것이 '온전한 언어'입니다. 한 사람의 인격이 온전한가를 판단하는 기준은 언어입니다. 그래서 야고보서 1장 26절에서는 "누구든지 스스로 경건하다 생각하며 자기 혀를 재갈 물리지 아니하고 자기 마음을 속이면 이 사람의 경건은 헛것이라"하였고, 3장 2절에서는 "우리가 다 실수가 많으니 만일 말에 실수가 없는 자라면 곧 온전한 사람이라 능히 온 몸도 굴레 씌우리라"고 하였습니다.

권사는 말로 덕을 세울 수 있어야 합니다. 특히 교회에 좋은 신앙 문화를 만들기 위해서 좋은 말, 믿음의 말이 소통하도록 해야 합니다. 권사는 교회의 긍정적인 여론 형성에 기여해야 하며 실제로 대부분 교회에서 권사들이 교회의 여론을 형성합니다.[132] 그러므로 더욱더 권사는 믿음의 말, 덕을 세우는 말, 좋은 말을 하여 교회를 건강하게 세워야 합니다.

말은 내 생각에서 나옵니다. 생각이 성령님의 지배를 받으면 좋은 생각을 하고, 성령님의 지배를 받지 않으면 악한 영의 공격을 받아 나쁜 생각을 하게 됩니다. 그러므로 권사가 교회를 세우는 믿음의 말, 덕을 세우는 말을 하기 위해서는 성령님의 지배를 받는 삶을 살아야 합니다. "오직 성령의 열매는 사랑과 희락과 화평과 오래 참음과 자비와 양선과 충성과 온유와 절제니 이 같은 것을 금지할 법이 없느니라"(갈 5:22-23). 성령의 지배를 받으면 사랑의 말, 희락의 말, 화평의 말, 오래 참는 말, 자비의 말, 양선의 말, 충성의 말, 온유의 말, 절제의 말을 하게 됩니다. 이것이 바로 믿음의 말이요, 덕을 세우는 말이요, 좋은 말입니다. 권사의 성령 충만은 그래서 중요한 것입니다. 그것이 교회의 문화와 미래를 복되게 합니다. 이것을 바울 사도는 이렇게 말합니다. "너희 말을 항상 은혜 가운데서 소금으로 맛을 냄과 같이 하라 그리하면 각 사람에게 마땅히 대답할 것을 알리라"(골 4:6).

제직 회원의 역할을 감당해야 한다

제직(諸職)이라는 말은 한자로 모두 제에 직분 직입니다. 즉 교회 안에서 직분을 가진 모든 사람을 말합니다. 총회 헌법은 제직회에 대해서 다음과 같이 말하고 있습니다.

제2조 제직회

1. 조직

지교회 당회원과 집사와 권사를 합하여 제직회를 조직한다. 회장은 담임목사가 겸무하고 서기와 회계를 선정한다. 당회는 각각 그 형평에 의하여 제직회 사무를 처리하기 위하여 서리 집사에게 제직 회원의 권리를 줄 수 있다.[133]

제직회의 회장은 담임목사이며, 회원은 당회원, 집사, 권사, 서리 집사가 포함됩니다.

제2조 제직회

2. 미조직 교회 제직회

미조직 교회에서는 목사, 전도사, 권사, 서리 집사, 전도인들이 제직회 사무를 임시로 집행한다.[134]

미조직교회란 당회가 없는 교회입니다. 당회가 아직 조직되지 않았다는 말입니다. 당회는 담임목사와 치리 장로로 조직됩니다.[135] 미조직교회란 장로가 한 사람도 없는 교회를 말합니다. 따라서 미조직교회에서는 조직교회와 달리 전도사와 전도인까지 포함됩니다.

제2조 제직회

3. 재정 처리

① 제직회는 공동의회에서 위임하는 금전을 처리한다.
② 구제와 경비에 관한 사건과 금전 출납은 모두 회에서 처리하며 회계는 회의 결의에 의하여 금전을 출납한다.
③ 제직회는 매년 말 공동의회에서 1년간 경과 상황과 일반 수지 결산을 보고하며 익년도(翌年度) 교회 경비 예산을 편성 보고하여 회에 통과하며 회계는 장부의 검사를 받는다.[136]

제직회는 이렇게 중요한 일을 처리하기에 중요합니다. 그러므로 권사는 제직회에 빠지지 말고 참석해야 합니다. 공동의회에서 위임하는 금전을 처리하며, 구제와 경비에 관

한 모든 것을 처리하며, 결산과 예산을 결의하여 공동의회에 보고하여야 합니다. 권사는 제직회에 꼭 참석하여 교회의 재정 흐름에 관심을 가지고 기도해야 하며, 또한 헌신해야 합니다. 흔히 제직들이 제직회에 관심을 가지지 않고 참석하지 않는 경우가 많은데 이것은 옳지 않습니다.

3장
권사 사역의 엔진 그리고 출발점과 종착점

 권사 사역의 엔진 그리고 출발점과 종착점은 어디일까요? 권사 사역의 출발점은 가정이며, 교회를 거쳐 일터까지 나아가야 합니다. 즉 권사 사역의 종착점은 일터(직장, 사업)입니다. 가정과 일터에서 권사답지 못하다면 그의 사역은 반토막 사역이 될 것입니다. 그런데 이런 출발점과 종착점이 건강한 권사가 되기 위해서는 출발점에서 종착점까지 달려갈 엔진이 튼튼해야 합니다. 그 엔진은 무엇일까요? 그것은 끊임없이 예수님을 닮아가는 것입니다.

튼튼한 엔진

 교회에서만 아니라 가정과 일터에서 참된 권사로 살아가

기 위해서는 영적 엔진이 튼튼해야 합니다. 그것은 바로 예수님을 닮아가는 것입니다. 우리는 평생 주님을 닮아가야 참된 권사가 될 수 있습니다. 그러면 어떤 영역에서 예수님을 닮아가야 할까요?

생각의 영역 | 생각은 내버려두면 악한 쪽으로 기울게 되어 있습니다(마 15:19). 그래서 우리의 생각을 사로잡아 그리스도에게 복종시켜야만 합니다(고후 10:5).

감정의 영역 | 아담의 불순종으로 에덴동산에서 생명나무를 먹을 때의 기쁨과 즐거움은 사라지고, 땅이 내는 가시덤불과 엉겅퀴(창 3:18) 같은 쓴 감정들이 사람을 움켜쥐게 되었습니다. 이것이 죄의 본능으로 굳어져 버렸습니다. 얼음처럼 차갑고 돌처럼 딱딱한 감정을 해독하는 길은 없을까요? 우리의 상한 감정이 치유됨을 보이는 가장 큰 증거는 기쁨입니다. 기쁨이 시작되면 슬픔과 탄식은 달아납니다(사 51:11). 이 기쁨은 제자들처럼 예수님을 직접 뵐 때 주어지는 것입니다.

의지의 영역 | 본래 아담에게는 하나님을 따르려는 의지

가 있었습니다. 그러나 이 의지가 죄로 깨어지면서 하나님을 반역하는 의지로 전락했습니다. 타락한 의지(意志)는 하나님을 의지(依支)함으로만 치유될 수 있습니다.

관계의 영역 | 아담의 죄로 인해 하나님과의 관계에 단절이 일어났습니다. 하나님과 관계가 깨어지자 사람과의 관계도 깨어졌습니다. 신앙 인격의 변화를 보여주는 가장 분명한 증거는 창조주이신 하나님과의 관계 회복입니다. 우주의 창조주이신 하나님과 올바른 관계 속에 있으면 삶의 심히 미약한 것들조차 의미를 가지기 때문입니다.

행실의 영역 | 성도의 행실은 자신이 하나님의 자녀 됨을 드러내는 증거이자 불신자가 하나님을 보는 거울입니다. 그러나 이미 우리 속에는 아담의 범죄로 인하여 죄악된 행위가 본능처럼 꿈틀대고 있습니다. 어떻게든 죄의 틈새를 비집고 들어오는 악한 행실을 죽이기 위해서는 공세적인 혈투가 요구됩니다. 하나님께서는 사탄을 대적하고 공격하도록 우리에게 성령의 검 곧 하나님의 말씀(엡 6:17)을 주셨습니다.

예수님은 십자가에서 우리의 죄를 다 짊어지시고 우리의

전인격을 새롭게 빚으셨습니다. 따라서 우리가 그분의 십자가 복음에 반응하면 우리의 성품은 자연스럽게 예수 그리스도를 닮아갑니다(고전 11:1). 복음의 실체가 예수님이시기 때문입니다(막 1:1). 십자가를 지향하는 변혁, 즉 회개와 믿음을 통해 그리스도를 닮은 모습으로 변화하는 삶은 큰 울림과 영향을 줍니다.[137]

권사 사역의 출발점인 가정

가정은 우리의 출발점입니다. 우리는 모두 가정에서 태어나고 자랍니다. 저녁에는 가정으로 돌아가 재충전을 하고 일터로 출발합니다. 물론 신앙적으로 교회가 영적인 가정이기에 교회가 출발점이라고 할 수 있습니다. 그러나 여기서 가정을 출발점이라고 말하는 것은 교회만을 중요하게 여겨서 가정생활을 소홀히 해서는 안 되기 때문입니다.

가정은 우리의 참모습이 드러나는 곳입니다. 바깥세상에서 피곤한 가면을 벗어던지고 본연의 자신으로 돌아갈 수 있는 곳도 가정입니다. 일상생활의 소음과 스트레스와 유혹과 방종에서 물러나 새 힘을 얻고 순수함을 회복하는 원천도 가정입니다.[138]

가정에서의 경건이 진짜 경건일 수 있습니다. 일주일에 몇 번 나오는 교회의 삶에서는 자신이 어떤 사람인지 은폐할 수 있습니다. 그러나 가정에서 우리는 벌거벗은 그대로의 모습을 가족들에게 보여주게 됩니다. 그러므로 진짜 경건을 확인할 수 있는 곳은 가정입니다. 가정에서 가족들에게 인정받는 권사는 참된 권사입니다.

바울은 교회론을 다루는 에베소서에서 가정생활을 함께 다루고 있습니다. 진정한 성도는 가정에서도 성도답게 살기 때문입니다. 에베소서 5장 22절부터는 아내들에게, 25절부터는 남편들에게 권면하고 있습니다. 6장 1절부터는 자녀들에게, 4절에서는 부모들에게 권면하고 있습니다. 교회인 성도가 가정에서도 교회답게 살아야 한다는 것입니다. 성경이 말하는 교회는 교회당 안에서의 삶만을 말하지 않습니다. 교회당에서 받은 은혜를 가정에서 실천해야 합니다.

그런 점에서 권사 사역의 1번지는 가정입니다. 가정에서 남편을 섬기고 자녀를 섬겨야 합니다. 그것을 하지 못하고 교회에서만 권사의 사역을 하는 것은 사상누각(沙上樓閣)과 같습니다. 언젠가는 무너집니다. 자신이든, 남편이든, 자녀든, 누군가가 무너지게 될 것입니다.

배우자에게 사랑받고 싶다는 갈망은 결혼생활의 중심을 이룹니다.[139] 이 갈망은 다른 말로 '감정의 탱크'(emotional tank)라고 합니다.[140] 이것이 채워지지 않으면 사랑받지 못한다고 생각하고 부부 사이, 부모와 자녀 사이에 갈등이 생기고 힘들어집니다. 그런데 사람은 저마다 사랑을 느끼는 탱크가 다릅니다. 우리가 차량에 연료를 넣기 위해서 주유소에 가면 휘발유 펌프와 경유 펌프가 구분되어 있습니다. 만약에 실수로 휘발유 차량에 경유를 주입하면 어떻게 되겠습니까? 반대로 경유 차량에 휘발유를 주입하면 어떻게 되겠습니까? 엔진이 망가져 큰 사고가 나게 됩니다. 이처럼 사람마다 감정의 탱크는 사뭇 다릅니다.

게리 채프먼은 사랑의 탱크의 종류가 다섯 가지라고 말합니다. 인정하는 말, 함께하는 시간, 선물, 봉사, 육체적인 접촉이 그것입니다. 그리고 이 다섯 가지 중에서 가장 사랑을 느끼는 것을 제1 사랑의 언어라고 합니다. 배우자를 사랑할 때, 배우자의 제1 사랑의 언어로 사랑을 해야 배우자는 사랑받는다고 느낍니다. 나의 제1 사랑의 언어가 아니라 배우자의 제1 사랑의 언어로 사랑할 때, 배우자는 사랑의 탱크가 채워져 행복감을 느끼게 됩니다. 참된 권사는 배우자의 제1 사랑의 언어를 알고 그 언어로 배우자를 사랑하는 사람입니다. 이것을 확대하여 자녀들에게도 적용할 수 있습니다.

참된 권사는 가정에서 예배의 모범을 보이며, 기도의 모범, 성경을 사랑하는 모범을 보입니다. 계속해서 신앙과 인격의 성장을 추구하는 모범을 보이며, 교회를 사랑하는 모범(교회의 누군가를 비방하는 말을 삼감), 교회를 위해 헌신하는 모범을 보입니다. 나아가 이웃 사랑의 모범을 보이며, 전도의 모범을 보입니다. 그런 권사는 자녀들에게 신앙의 유산을 물려주는 참된 권사가 됩니다. 리더십에 관련된 중요한 문장으로, '계승자가 없는 성공은 성공이 아니다(Success without successor is not a real success)'라는 말이 있습니다. 아무리 우리가 성공적인 권사가 되더라도 우리의 자녀들이 신앙을 계승하지 않는다면 우리는 실패한 권사입니다. 참된 권사는 자녀들을 신앙의 계승자로 세우는 사람입니다. 그 일을 위해서 가장 중요한 것은 어머니인 권사의 모범입니다.

권사 사역의 종착점인 일터

요즘은 여성들도 직장생활을 하는 이들이 많습니다. 그래서 권사 사역의 종착점이 일터일 수 있습니다. 참된 권사는 교회 사역이 전부라고 생각하지 않습니다. 교회는 너무나 중요합니다. 우리의 심장 같은 곳입니다. 그러나 심장은 자신만을 위해 존재하지 않습니다. 온몸을 살리는 역할을 합니다. 이처럼 교회는 교회만을 위해 존재하지 않습니다. 교회론인 에베소서는 교회의 존재 이유를 이렇게 말합니다. "교회는 그의 몸이니 만물 안에서 만물을 충만하게 하시는 이의 충만함이니라"(엡 1:23). 교회의 머리이신 그리스도의 몸인 교회는 만왕의 왕이신 그리스도의 통치가 이루어지는 역할을 해야 합니다. 그 통치는 만물의 결핍을 채워주는 역할입니다.

권사의 사역은 가정에서 출발하여 일터까지 나아가 거기가 종착점이 되어야 합니다. 참된 권사는 교회의 존재 이유를 알기 때문입니다. 일터가 단지 생계의 수단이 아니라 그리스도의 통치가 이루어지는 현장이 되어야 합니다.

바울은 직원들이 일터에서 어떻게 만물을 충만케 하는 사명을 감당해야 하는지를 알려줍니다. "종들아 두려워하고 떨며 성실한 마음으로 육체의 상전에게 순종하기를 그리스도께 하듯 하라 눈가림만 하여 사람을 기쁘게 하는 자처럼 하지 말고 그리스도의 종들처럼 마음으로 하나님의 뜻을 행하고 기쁜 마음으로 섬기기를 주께 하듯 하고 사람들에게 하듯 하지 말라"(엡 6:5-7). 세상은 눈가림만 하는 직원들이 있을 수 있습니다. 그러나 참된 권사는 직원으로서 성실하게 삶으로써 만물을 충만케 할 수 있습니다. 또한 세상은 억지로 일할 수 있지만, 참된 권사는 일터에서 주님을 섬기듯 기쁜 마음으로 일하는 사람입니다.

이어서 바울은 상급자들이 일터에서 어떻게 만물을 충만케 하는 사명을 감당해야 하는지를 알려주고 있습니다. "상전들아 너희도 그들에게 이와 같이 하고 위협을 그치라 이는 그들과 너희의 상전이 하늘에 계시고 그에게는 사람을 외모로 취하는 일이 없는 줄 너희가 앎이라"(엡 6:9). 세상은 부하직원을 위협하는 일이 많지만, 참된 권사는 부하직원을 존중합니다. 그들은 하늘의 상전(주님, Master, 퀴리오스, κύριος)이 계심을 믿습니다. 그렇기에 그분이 원하시는 방식으로 직장의 상사(上司) 역할을 합니다.

근대 유럽의 발전을 이룬 정신에 대하여 막스 베버가 저술한 명저가 있습니다. 『프로테스탄트 윤리와 자본주의 정신』이라는 책입니다. 이 책 19쪽에서 베버는 중세 가톨릭이 상인과 기업가를 아주 부정적으로 보았다고 말합니다. 당시 가톨릭이 보기에 상인과 기업가는 하나님 나라를 구하기보다는 이윤추구를 통한 부의 축적을 더 중시함으로써 자신들의 영혼을 위태롭게 하는 자들이었고, 형제애를 명하는 기독교 윤리를 어기고 경제적 이득을 얻기 위해 사람들을 착취하는 자들이었습니다. 그래서 "상인은 하나님을 기쁘시게 할 수 없다"는 속담까지 생겨났다[141]고 합니다.

그런데 16세기 칼빈주의자들은 구원받은 성도는 삶으로 자신이 구원받은 성도임을 드러내야 한다고 주장했습니다. 이것이 가톨릭과 다른 점이었습니다. 상인도 사업가도 그 직업과 사업의 현장에서 구원받은 성도답게 그곳을 바꾸어야 한다는 것입니다.

칼빈주의 영향을 받은 17세기의 청교도들은 노동과 부의 축적을 섭리적 차원에서 이해했습니다. 즉 그들은 노동을 신성시했고, 그 부의 창출로 복음을 전하고 어려운 자들을 구제하였습니다. 그래서 부의 축적은 개인의 탐욕이 아니라 복음 전파와 구제를 위한 도구가 되었습니다. 열심히 일해서 나의 탐욕을 채우는 것이 아니라 사회 속에 하나님의 뜻을 이루고자 한 것입니다. 에베소서의 용어로 말하면 부의 축적으로 만물을 충만케 한 것이었습니다. 그 충만은 첫째로 복음 전파, 둘째로 사랑의 섬김(구제 포함), 셋째로 사회 변혁이었습니다.

이것을 근대의 칼빈주의자들과 칼빈주의의 영향을 받은

청교도들은 이런 말로 표현했습니다. "하나님께 더 큰 영광을 돌리기 위하여!"(*ad maiorem Dei gloriam!*)[142] 직장과 사업의 현장에서 하나님께 더 큰 영광을 돌리겠다는 마음으로 일했기 때문에 근대 자본주의가 건강하게 발전할 수 있었다고 합니다. 청교도 목회자인 리처드 백스터는 "부의 획득이 직업 소명 안에서 노동의 열매일 때는 하나님의 복"이라고 말했습니다.[143]

청교도 윤리가 널리 퍼지면서 기업과 상업을 하며 이윤을 추구하는 사람들은 이제 더 이상 계산적이고 탐욕적이며 이기적인 자들로 여겨지지 않게 되었고, 도리어 하나님이 맡기신 일을 성실하게 해내는 정직한 자들로 평가되었습니다. 이윤과 자본의 재투자는 이 땅에서 하나님 나라에 기여하는 일로 여겨졌습니다.[144]

베버의 책을 보면 사회학자이자 정치경제학자인 그가 거의 신학자 수준으로 교회사의 흐름을 정리하고 있다는 것을 발견할 수 있습니다. 그는 근대 유럽과 미국의 자본주의가 건강하게 발전할 수 있었던 것은 프로테스탄트 윤리가 자본주의 정신을 만들었기 때문이라고 합니다. 오늘도 기독교 윤리가 이 사회를 새롭게 한다면 이 사회는 더 건강해질 수 있습니다. 그 일을 위해서 우리는 사업을 하고 직장생활을 하는 것입니다. 그런 사명감을 가지고 직장생활을 하면 다음의 말씀처럼 할 수 있습니다.

"기쁜 마음으로 섬기기를 주께 하듯 하고 사람들에게 하듯 하지 말라"(엡 6:7).

이 말씀은 무슨 뜻입니까? 교회에서 예배하듯이 직장생활을 하라는 것입니다. 주님을 섬기듯, 교우들을 섬기듯, 기쁨으로 섬기라는 것입니다. 우리가 직장에서 기쁨으로 주님께 하듯 섬겨야 할 이유는 8절에 나옵니다. "이는 각 사람이 무슨 선을 행하든지 종이나 자유인이나 주께로부터 그대로 받을 줄을 앎이라"(엡 6:8). 놀라운 말입니다. 우리 직장생활의 상벌권자가 내 상사인 줄 알았는데 더 궁극적인 상벌권자는 바로 주님이시라는 말입니다.

때로 직장에서 어려운 일이나 억울한 일을 당할 수 있습니다. 그렇다면 기대하십시오. 우리의 진정한 평가자, 상벌권자는 우리 주님이십니다. 주께서 우리의 억울한 일을 신원(伸冤 : 원통한 일을 풀어준다)하여 주실 것입니다. 지금 당장은 손해 같지만 길게 보면 다 유익합니다. 하나님께서 합력하여 선한 일을 이루시기 때문입니다.

참된 권사는 신앙이 없는 상사와는 달라야 합니다. 예수님을 믿지 않는 사람과 같거나 그보다 더 악하면 안 됩니다. "상전들아 너희도 그들에게 이와 같이 하고 위협을 그치라 이는 그들과 너희의 상전이 하늘에 계시고 그에게는 사람을 외모로 취하는 일이 없는 줄 너희가 앎이라"(엡 6:9).

참된 권사인 상사(上司)는 먼저 위협을 그쳐야 합니다. 위협은 분노하는 것을 말합니다. "분을 내어도 죄를 짓지 말며 해가 지도록 분을 품지 말고 마귀에게 틈을 주지 말라"(엡 4:26-27). 분노 때문에 죄짓지 마십시오. 분노의 마감 시간을 지키십시오. 해질 때 분노를 내보내십시오. 분노는 마귀에게 틈을 주는 것입니다. 마귀가 반드시 공격합니다. 그래서 우리 마음과 가정과 삶의 터전을 점령합니다. 상사가 분노하고 위협하는 것은 그 직장을 마귀에게 헌납하는 것이고, 부하직원에게는 큰 상처를 주는 것입니다.

분노하고 위협하지 말아야 할 이유가 9절에 또 나옵니다. "상전들아 너희도 그들에게 이와 같이 하고 위협을 그치라 이는 그들과 너희의 상전이 하늘에 계시고 그에게는 사람을 외모로 취하는 일이 없는 줄 너희가 앎이라"(엡 6:9). 이 사업장에서는 내가 상사이지만, 나보다 더 높으신 분이 하늘에 계셔서 나의 상벌권자가 되십니다. 나도 하나님 앞에서는 내 직원과 똑같이 평가받을 한 연약한 인생에 불과함을 기억하십시오. 우리가 대단해 보이지만 아무것도 아닙니다. 주님이 한 번 치시면 다 무너지고 주님이 부르시면 다 놓고 떠나가야 하는 인생입니다.

예수님이 말씀하신 비유입니다. 어떤 부자가 사업이 잘돼서 창고도 확장하고 이제 앞으로 마음 놓고 인생을 즐기자고 하였습니다. 그때 하나님이 그에게 이런 말씀을 하십니다. "어리석은 자여 오늘 밤에 네 영혼을 도로 찾으리니 그러면 네 준비한 것이 누구의 것이 되겠느냐"(눅 12:20).

하늘의 상전이 있다는 것을 잊지 마십시오. 그분은 사람을 외모로 취하지 않으십니다. 사장이라고 봐주고 평직원이라고 함부로 하시지 않습니다. 창세기 15장 2절에 아브라함은 이스마엘과 이삭을 낳기 전에 자기의 종인 다메섹 사람 엘리에셀을 상속자로 삼으려고 했습니다. 종에 대한 배려를 볼 수 있습니다. 그 후 이삭이 태어나고 후에 이삭의 아내 감을 구하러 갈 때 아마도 이 엘리에셀이 갔을 것이라고 학자들은 보고 있습니다.[145]

바울도 범죄한 노예 오네시모를 변화시켜 새사람이 되게 했습니다. 빌레몬도 이 오네시모가 회개하고 돌아오자 바울의 부탁을 받고 받아주었습니다. "이 후로는 종과 같이 대하지 아니하고 종 이상으로 곧 사랑 받는 형제로 둘 자라 내게 특별히 그러하거든 하물며 육신과 주 안에서 상관

된 네게랴"(몬 1:16).

훗날 안디옥의 감독이었던 이그나티우스가 에베소에 쓴 편지를 보면, 오네시모를 "형언할 수 없는 사랑의 사람이요, 당신의 감독"이라고 표현합니다. 이것을 볼 때 학자들은 오네시모가 에베소의 감독이 되었다고 말합니다.[146]

노예를 그 당시 가장 대표적인 교회의 담임목사이자 감독으로 세우는 초대교회, 이 신앙의 정신이 바로 직장에서 부하직원을 대할 때 있어야 합니다. 하나님께서 우리에게 만물을 충만케 하는 사명을 주어 그 직장에 보내셨기 때문입니다. 그러므로 권사의 일터는 사역의 종착점입니다.

영역주권의 현장인 가정과 일터 | 아브라함 카이퍼[147]는 영역주권 사상을 주장하며 가르쳤습니다. 이 사상에 따르면, 하나님은 절대 주권자이시지만 인간에게 주권을 이양하셨습니다. 즉 인간은 하나님의 주권을 수행하는 도구입니다. 가족의 영역, 교회의 영역, 과학과 예술의 영역, 기술과 발명의 영역, 무역과 산업의 영역, 농업, 사냥과 어업의 영역, 사회단체의 영역마다 하나님께서 각각의 주권을 부여하셨으며, 그 주권을 받은 사람은 절대 주권자이신 하나님의 통치를 받음으로 영역주권을 시행해야 합니다. 그리

고 각각의 영역주권은 존중되고 보호되어야 합니다. 상호 침해하지 말아야 합니다.[148]

그런 의미에서 우리는 가정과 일터에서 하나님이 위임하신 주권을 행사해야 합니다. 그 목적은 절대 주권자이신 하나님의 뜻을 실현하기 위한 것입니다. 참된 권사는 가정과 일터를 보금자리와 생계 수단으로만 생각하지 않습니다. 가정의 영역과 일터의 영역에서 하나님의 절대주권이 나를 통하여 영역주권으로 실현되기를 바라고 실천합니다. 그런 점에서 교회가 너무나 소중하지만 가정과 일터도 간과하지 말아야 합니다. 그곳에서 하나님이 위임하신 영역주권을 행사해야 합니다.

참된 권사, 끝까지 열매 맺기 위한 다짐

우리 기독교 역사에서 권사는 교회 공동체 내에서 중요한 역할을 수행했습니다. 봉사, 교사, 돌봄 등 여러 사역을 감당했습니다. 이렇게 귀한 사역을 끝까지 잘 감당하기 위해서 권사로 세워지는 순간부터 반드시 다짐해야 할 태도와 가치가 있습니다.

영적 성장 | 기도, 성경 공부 및 기타 경건의 훈련들을 통해 개인적인 영적 성장을 지속적으로 추구하십시오(벧후 3:18). 교회의 사역과 봉사는 시대를 반영합니다. 30~40년 전 교회의 권사는 주로 교회 살림을 도맡아 교회의 구석구석에서 섬기고 기도하고 심방하는 일들을 많이 했습니다. 이제 시대가 많이 변했습니다. 권사들이 주일학교, 상담사역, 선교 및 구제 사역 그리고 도고기도(타인을 위한 기도) 사역을 이끌어야 할 시대적 필요가 커졌습니다. 이런 사역들은 다른 어떤 사역들에 비해서도 영적 성장이 있어야 감당할 수 있습니다.

겸손한 섬김 | 다른 이들의 필요를 자신의 필요보다 앞세우며 우리 주님께서 보이신 겸손한 섬김의 본을 따르십시오(빌 2:5-8). 불과 한 세대 전만 해도 교회만큼 뛰어난 구제와 봉사기관을 사회 내에서 찾기가 어려웠습니다. 그러나 이제는 상황이 많이 달라졌습니다. 직업적으로 상당히 고도의 지식과 합당한 태도를 갖춘 상담가, 복지사 그리고 자원봉사자들을 어렵지 않게 만날 수 있습니다. 권사가 이들보다 더 깊은 지식과 임상경험으로 무장하면 좋지만, 더 중요한 것은 예수님을 닮은, 예수님을 드러내는 겸손한 태도

임을 잊지 마시길 바랍니다. 섬김의 대상이 교인이든, 전도 대상자든 사람들은 권사의 겸손함에 감동받습니다.

제자훈련에 헌신 | 다른 이들에게 예수님이 분부하신 것들을 가르치고 교인들을 제자로 키우며, 그들이 신앙과 하나님의 말씀을 더 잘 이해하고 실천함으로써 영적으로 성장하도록 도우십시오(마 28:19-20). 교회에서 신앙의 훈련을 받고 있는 교인들을 위해 일대일 멘토가 돼 주십시오. 훈련에 몰입한 훈련생들을 위해 정기적으로 기도해 주고, 간간히 권사가 먼저 받은 영적훈련들에 관해 나눠줄 때 큰 격려와 동질감 그리고 무엇보다 동지의식을 느낄 것입니다.

화합과 화해 | 권사는 교회에서 화합을 추구하고, 만에 하나 갈등이 있을 경우 화해를 위해 노력해야 합니다. 복음의 능력은 무엇보다도 화해하게 할 때 잘 나타납니다(엡 4:3). 이때 화합과 화해에 몇 가지 단계가 있음을 아는 것은 매우 중요합니다. 아래의 여섯 가지 순서와 단계를 보면서 개인적으로 적용, 연습하시길 바랍니다.
 - 인정과 수용 : 갈등이나 문제를 인정하고, 해결을 위해 노력할 준비가 되어 있음을 서로 인정하는 단계

- 소통과 이해 : 갈등이 발생한 원인과 상황에 대해 소통하며, 서로의 입장과 감정을 이해하려는 노력을 하는 단계
- 사과와 용서 : 피차 잘못을 인정하고 사과하는 화해의 중요한 단계
- 해결책 모색 : 갈등의 원인을 해결하기 위한 구체적인 방안을 모색하는 단계
- 약속과 실천 : 해결책에 대한 약속을 하고, 이를 실천에 옮기는 단계
- 관계의 재건 : 갈등을 해결하고 관계를 재건하는 단계

전도와 복음 전파 | 교회 밖의 사람들에게 다가가 복음을 전하고, 지역 또는 문화권을 넘어서 선교하는 일에 참여하고 지원하십시오(행 1:8). 한국사회가 그 어느 나라에 비해서도 급격하게 다문화화하고 있음을 생각할 때, 권사들이 감당해야 할 전도와 선교 사역이 그 어느 때보다 막중합니다. 교회 내에 한글교실, 한국문화 학교, 이주노동자들을 위한 긴급구호, 국제결혼 가정을 위한 상담실 등을 만들고 운영하면, 다양한 복음의 열매가 맺힐 것입니다.

소외 계층을 위한 지원 | 사회경제적으로, 문화적으로, 또는 심리적으로 소외된 이들을 적극적으로 지지하고 옹호하며, 하나님의 공의와 자비를 보여주는 사역들을 시작하십시오(미 6:8). 특별히 가정 해체와 붕괴로 말미암아 보호의 손길이 필요한 청소년들이 급격히 늘어나고 있고, 보호시설에서 더 이상 머물 수 없는 청년 진입기 연령의 젊은 이들을 위한 돌봄과 지지가 절실하게 필요합니다. 권사들은 이런 긍휼 사역을 조직적으로, 일관성 있게 그리고 신앙인답게 잘 이끌 수 있는 최적의 봉사자입니다.

도고 기도[149] | 권사들이 기도할 때 하나님의 역사가 일어납니다. 교회, 성도들, 그리고 교회의 선교적 사명 완수를 위해 정기적인 개인기도와 도고기도에 전념하십시오(딤전 2:1-2). 교회 역사를 볼 때 권사들은 기도하는 문화를 조성함으로써 교회의 기도 사역의 집중력과 지속성을 강화해 왔습니다. 기도하는 권사들을 통해서 교회 내에서 강력한 기도 운동이 일어나고, 성도들의 신앙을 깊게 하며, 화합과 일치를 증진시키고, 교회의 선교적인 사명 완수에 지속적인 영향을 미칠 수 있습니다.

공동체 문화 조성 | 권사들은 강력하고, 서로를 지지하며, 사랑이 넘치는 교회 공동체 문화를 조성하여, 다양하고 역동적인 관계가 꽃피울 수 있는 환경을 만들어 나아갈 수 있습니다(행 2:42-47). 개인주의가 진리처럼 받아들여지고 있는 오늘날, 한편으로는 파편화 한 개인이 지독하게 외로워하고 진정성 있는 소속과 연대를 갈망하는 현실의 문화적 흐름을 생각할 때, 권사들은 예배라는 대그룹, 교구라는 중그룹에 이어서 구역(셀)이라는 작은 소그룹에 이르기까지 하나 됨을 추구하는 공동체 문화를 전파하고 실천할 수 있는 최선의 사역자원입니다.

개인적 진실성 | 생활과 사역의 모든 측면에서 개인적 진실성, 투명성, 정직함의 높은 기준을 유지하십시오(딛 2:7-8). 일부 불신자들 특히 젊은 세대는 기독교인들이 진정성이 부족하다고 대놓고 공격합니다. 이러한 인식은 다양한 요인에 기인할 수 있습니다. 예를 들어 일부 신자들의 행동이 그들의 믿음이나 가르침과 일치하지 않는 것처럼 보일 때, 불신자들은 이를 위선적으로 보고 진정성이 결여되었다고 판단합니다. 복음의 진파와 하나님의 영광을 위해 우리의 인격이 진실해야 합니다.

영적 멘토링 | "… 많은 사람을 옳은 데로 돌아오게 한 자는 별과 같이 영원토록 빛나리라"(단 12:3). 다른 이들의 삶을 위해 헌신하는 것이 하나님 앞에서 칭찬받는 삶입니다. 권사들은 그간의 신앙과 생활 면에서 얻은 다양한 경험과 교훈을 영적 멘토링을 통해 성도들과 나누며 지도할 수 있습니다. 성도들이 신앙과 삶에서 성장할 수 있도록 아낌없이 지도, 지원, 격려를 제공하십시오(딛 2:3-5). 교회 내에 권사들의 영적 멘토링이 적극적으로 필요하거나 취약한 계층으로는 신혼 부부 및 영유아를 둔 초보 엄마들, 산후 우울증 등으로 고생하는 아기 엄마들, 직장 내 여러 갈등 구조 때문에 힘들어 하는 젊은 층을 꼽을 수 있습니다. 권사는 이들에게 평생 잊지 못할 영적 멘토가 되어야 합니다.

참된 권사가 피해야 할 것들

마찬가지로 교회 공동체 내에서 덕을 세우기 위해 언제든 피해야 할 것들이 있습니다.

분열과 불화 | 교회 공동체 내에서 분열과 불화를 조장하는 행동이나 말을 피하십시오. 권사는 화합과 평화를 증

진하는 일을 가장 중시해야 합니다(롬 16:17-18). 그러기 위해서는 무엇보다 먼저 말을 조심해야 합니다. 많은 교회 내 분쟁과 반목의 배후에는, 권사들이 흘린 미확인 소문, 험담, 억측, 추측성 전언이 있음을 잊어서는 안 될 것입니다. 종종 이런 무분별하고 상처주는 말들이 '기도 제목'이라는 이름으로 유포될 수 있음을 주의해야 합니다. 아울러 남편이 당회원인 권사의 경우에는 당회에서 논의된 교회의 중요사안을 묻지 말아야 하고 혹시 들었더라도 퍼뜨리지 않도록 주의해야 합니다.

편파와 편애 | 우리는 이미 구원받았으나 또한 두렵고 떨림으로 구원을 이루어가고 있는(빌 2:12) 용서받은 죄인들입니다. 우리의 죄성은 끊임없이 사람들을 '나와 화학적으로(chemically) 맞는 사람'과 '안 맞는 사람'으로 가르도록 충동합니다. 권사는 성도들을 대할 때 편파적이거나 편애 성향을 드러내서는 안 됩니다. 모든 사람을 동등하게 대하며 모두에게 그리스도의 사랑을 보여주십시오(약 2:1-9). 너무나도 빈번히 교회가 편파와 편애 성향에 의해 나뉘고, 그 이면에 권사들이 있을수 있습니다. 말씀파 ○○○ 권사, 은사파 ○○○ 권사, 그리고 봉사파 ○○○ 권사…. 특히 이런 식

의 사사로운 편애와 편파 성향이 교회 사역을 좌지우지 하도록 방치해서는 안 됩니다.

개인적인 이득 | 권사들은 주로 교회의 살림을 맡아 행하면서 자칫 시비거리들을 만들 수 있습니다. 지나치게 자기 취향만을 고집하여 여러 봉사의 기회를 자기 자랑의 장이 되게 해서는 안 됩니다. 또한 권사의 직분과 위치를 사용하여 재정적이거나 사회적인 이득을 보는 것은 절대 금해야 할 일들입니다. 어디까지나 봉사의 초점은 자기 이익이 아닌 하나님의 영광과 교회 공동체 전체의 성장과 성숙에 맞춰야 합니다(벧전 5:2). 이렇게 하기 위해 크고 작은 사역의 기회가 있을 때 일의 기획, 진행 그리고 평가를 독단적으로 하지 말고, 가능한 여러 사람이 함께 할 수 있도록 장을 여는 것을 권장합니다.

말씀과 기도에 소홀 | 사역보다 중요한 것은 경건의 삶입니다. 경건의 삶이 무너지면, 하나님과 상관없는 사역을 할 수 있습니다. 성도들을 다치게 하는 사역을 할 수 있습니다. 말씀과 기도는 우리의 이기심을 통제하며 죄된 본성을 통제합니다. 우리가 아무리 열심히 사역해도 이기심과 죄

성을 통제하지 않고 사역하면 그것은 교회에 복이 아니라 독이 될 수 있습니다. 말씀과 기도에 소홀하면 곧장 영적인 메마름이 찾아오고 이는 곧 비효율적인 사역 또는 나쁜 사역으로 이어질 수 있습니다(행 6:4). 사역을 좀 더디 하더라도 말씀과 기도에는 목숨을 거십시오.

논쟁에 관여 | 비본질적이고 비생산적인 논쟁을 피해야 합니다. 습관적으로 논쟁을 하여 아까운 영적 에너지를 소비하지 말라는 뜻입니다. 특별히 교회가 담임목사를 청빙할 때, 예배당을 신축하거나 교육시설 등을 증축할 때, 그리고 마지막으로 교회의 일꾼들을 뽑아 세우려고 할 때 상습적으로 불거져 나오는 파괴적인 논쟁들이 있습니다. 이런 논쟁들에는 일절 끼지 말 것을 권유드립니다. 우선 자신에게 덕이 되지 않고, 교회 전체를 놓고 봐서도 유익한 것이 전혀 없습니다.

"어리석고 무식한 변론을 버리라 이에서 다툼이 나는 줄 앎이라 주의 종은 마땅히 다투지 아니하고 모든 사람에 대하여 온유하며 가르치기를 잘하며 참으며 거역하는 자를 온유함으로 훈계할지니…"(딤후 2:23~25 상반절).

교리적인 타협 | 구원파, 신천지, 하나님의교회 등등 이단 사상이 다시 창궐하는 때입니다. 기독교 신앙의 핵심 교리를 타협하거나 희석시키는 가르침과 관행을 절대적으로 피하십시오(갈 1:6~9). 단순히 피하는 것만으로는 모자랍니다. 대한예수교장로회총회 산하 교회를 섬기는 기도의 어머니로서 마땅히 알아야 할 기본교리들을 익히고 이에 관해 서로 토의하십시오. 나만 이단사상에 물들지 않으면 되는 정도가 아니라, 이단의 가르침과 싸워 물리칠 성경적 지식을 갖춰야 합니다. 이를 위해 "웨스트민스터 소요리문답"[150], "기독교의 기본교리"[151]를 상세히 해설하는 양서의 일독을 권하는 바입니다.

공동체의 필요에 둔감 | 권사의 사역은 기본적으로 긍휼 사역(mercy ministry)입니다. 우리 구역(또는 셀, 소그룹) 나아가 교회 공동체 전체에서 영적인, 정서적인 그리고 물질적인 필요 때문에 어려움에 노출되어 있는 교인들이 누가 있는지 섬세하고 민감하게 돌아보아야 합니다(약 2:15-17). 권사들의 긍휼 사역이 더더욱 요청되는 사회적인 이유가 있습니다. 다름 아니라 일인 세대주 가구 수의 증가입니다.[152] 2023년 말 기준, 한국의 전체 가구의 42% 가량이 단독 세

대주입니다. 이 말은 혼자 사는 인구, 싱글 인구가 점점 늘어나고 있다는 것입니다. 이런 상황에서 권사는 여러 형태의 싱글(미혼 또는 독신, 독거) 여성 성도의 필요에 슬기롭게 섬길 필요가 있습니다.

보고 책임 무시 | '내가 권사 정도 됐는데 누구한테 내 사역을 보고하나?' 하는 생각에 빠져 자신의 개인적인 경건과 사역의 보고 책임(accountability)을 소홀히 하거나 무시해서는 안 됩니다. 단지 권사회에 출석하는 정도가 아니라, 선배 또는 믿을 만한 신앙의 동료들에게 권사로서 자신의 개인 경건과 사역에 관해 투명하게 의논할 수 있는 그룹들을 만들길 권합니다. 주변 성도들과 투명한 감독감시의 망 속에 있지 않아도 되는 권사는 아무도 없습니다(히 13:17).

교회 권위와 질서 무시 | 교회의 권위 구조 내에서 사역하며 리더십 위치에 있는 분들을 존중하십시오(히 13:17). 한 가지 유념할 것은 교회가 평화스럽고 사역이 원활할 때는 교회의 권위 구조와 질서를 잘 지키지만, 교회가 일련의 리더십 갈등에 돌입하게 되면 교회의 권위 구조와 질서를 무시하고, 교회의 다스림 체계의 근간을 뒤흔드는 일이 벌어

질 수 있습니다. 특히 권사들이 이렇게 할 수 있습니다. 아무리 비상한 상황이라도 내 의견은 사견일 뿐입니다. 권사는 어디까지나 교회 질서를 존중하는 범위 안에서 교회를 보호하고 성도들을 돌봐야 합니다.

무정하고 무관심함 | 7번째 항목, "공동체의 필요에 둔감"과도 연결되는 항목입니다. 권사는 교회 공동체 내에서 특히 고난과 고통 속에서 괴로워하고 힘겨워하는 성도들에 대해 무감각하거나 무관심해지면 안 됩니다(골 3:12). 잠시 시간을 내서 아래 구절들을 묵상하면서, 권사가 사랑으로 힘든 이들을 돌보는 것이 왜 경건과 신앙의 근본인가를 묵상하길 바랍니다.

"가난한 사람을 학대하는 자는 그를 지으신 이를 멸시하는 자요 궁핍한 사람을 불쌍히 여기는 자는 주를 공경하는 자니라"(잠 14:31)
"선행을 배우며 정의를 구하며 학대 받는 자를 도와주며 고아를 위하여 신원하며 과부를 위하여 변호하라 하셨느니라"(사 1:17)
"임금이 대답하여 이르시되 내가 진실로 너희에게 이르

노니 너희가 여기 내 형제 중에 지극히 작은 자 하나에게 한 것이 곧 내게 한 것이니라 하시고"(마 25:40)

"하나님 아버지 앞에서 정결하고 더러움이 없는 경건은 곧 고아와 과부를 그 환난중에 돌보고 또 자기를 지켜 세속에 물들지 아니하는 그것이니라"(약 1:27)

부록

부록1 용어 설명 | 184
부록2 권사 서약의 의미 | 186
부록3 권사의 대표 기도 | 190
부록4 권사의 회의법 | 197

부록 1

용어 설명

권사 | 권사(勸師)는 한자로 권할 권, 스승 사입니다. 이는 권사의 역할이 권면하고 가르치는 것이라는 뜻입니다. 우리나라에서 '권사'라는 용어는 1910년 독노회[153] 회의록에 처음 등장합니다.[154] 권사 직분이 제도화된 것은 그로부터 45년이 지난 1955년 제40회 총회에서입니다. 제40회 총회 헌의부 보고에 "경남노회장 노진현 씨가 헌의한 여권사 제도 설치에 대하여 그 자격, 선거 방법, 권한, 대우 등을 명시하여 달라는 건 … 은 정치부로 보낸 일이오며"[155]라는 내용이 나옵니다. 여성에게 남성의 안수 집사직과 같은 위상을 갖게 한 것이 권사직입니다. 당시 여성도는 교회 성도의 70%에 육박했습니다. 이들을 교회 일에 적극적으로 참여하게 하려고, 교회와 성도들에게 유익이 될 만한 신앙과 덕성과 신망을 지닌 여성도를 권사로 세운 것이 오늘에 이르고 있습니다. 이후 한국교회에서 권사는 교회 부흥에 크게 이바지하였습니다. 권사의 헌신과 눈물 어린 기도를 통해

교회가 크게 부흥할 수 있었습니다. 훌륭한 권사를 통해서 교회는 큰 유익을 보았고, 목회자들은 목회에 큰 힘을 얻을 수 있었습니다.[156] 권사는 임직받을 때 안수의 과정을 거치지 않기에 취임(就任)이라고 부릅니다.

무임권사 | 타 교회에서 이명 와서 아직 취임하지 못한 권사입니다. 단 만 70세 미만자는 공동의회에서 권사로 피선되면 취임식을 행하여 시무 권사가 될 수 있습니다(『총회 헌법』, 정치, 제3장 교회의 직원, 제3조 교회의 임시직원, 3항 권사).[157]

은퇴 권사 | 연로하여 퇴임한 권사입니다(『총회 헌법』, 정치, 제3장 교회의 직원, 제3조 교회의 임시직원, 3항 권사).[158]

명예 권사 | 당회가 다년간 교회에 봉사한 여신도 중에 60세 이상 된 입교인으로 행위가 성경에 적합하고 모범된 자를 임명할 수 있습니다(『총회 헌법』, 정치, 제3장 교회의 직원, 제3조 교회의 임시직원, 3항 권사).[159] 입교인이란 세례를 받은 사람을 말합니다. 또한 어릴 때 유아세례를 받고, 입교 교육을 받은 후 입교 서약을 한 사람을 말합니다. 이들만 성찬에 참여할 수 있습니다.

부록 2

권사 서약의 의미

권사로 임직할 때 모든 권사는 다음의 내용을 서약하게 됩니다. 임직 전에 이 서약의 의미를 알고 서약하는 것이 좋습니다. 그 서약의 내용을 살펴봅시다.

권사 임직 서약문

1. 신구약 성경은 하나님의 말씀이요 또한 신앙과 행위에 대하여 정확무오(正確無誤)한 유일(唯一)의 법칙으로 믿습니까?
2. 본 장로회 신조와 웨스트민스터 신도게요 및 대소요리문답은 신구약 성경의 교훈한 도리를 총괄한 것으로 알고 성실한 마음으로 받아 따르겠습니까?
3. 본 장로회 정치와 권징 조례와 예배 모범을 정당한 것으로 승낙합니까?
4. 본 교회 권사의 직분을 받고 하나님의 은혜를 의지하여 진실한 마음으로 본직(本職)에 관한 범사를 행하기로 서약합니까?

5. 본 교회의 화평과 연합과 성결함을 위하여 전력하기로 서약합니까?[160](대한예수교장로회총회 교육부, 『새표준예배·예식서』, p. 96.)

권사 임직 서약문 해석

1. 성경은 정확무오(正確無誤)한 하나님의 말씀입니다. 우리는 완전영감, 축자영감을 믿습니다. 성령께서 한 글자 한 글자 감동하셔서 인간 기록자로 하여금 기록하게 하신 것입니다. 그리고 성경은 오류가 없는 무오한 하나님의 말씀입니다. 우리가 믿는 개혁신학은 이렇게 요약할 수 있습니다. "개혁신학은 존 칼빈 중심의 종교개혁 신학에 기초해 성경의 최고의 권위, 오직 은혜로 얻는 구원, 하나님의 통치와 문화 변혁 등을 강조합니다."[161] 이 요약에서도 제일 먼저 강조되는 것은 '성경의 최고 권위'입니다. 이것이 신앙에서 가장 중요합니다. 조직신학 제1권도 성경에 대한 것이며, 신앙고백 제1장도 성경에 대한 것입니다. 성경을 정확무오한 하나님의 말씀이요, 우리 신앙과 삶의 유일한 법칙으로 믿는 것이 참된 권사의 신앙입니다.

2. 장로회 신조는 우리 총회 헌법 맨 앞에 나오는 열두 개의 기본 신조, 즉 '12신조'를 믿는가 하는 것입니다. 총회

헌법을 읽고 확인해야 합니다(2018년 판 『총회 헌법』, 21-25쪽). 임직교육 시에 목사님을 통해 배우게 될 것입니다.

웨스트민스터 신도게요는 웨스트민스터 신앙고백(2018년 판 『총회 헌법』, 276-347쪽)을 말합니다. 게요(揭要)는 '높이 들어 올릴 만큼 중요한 교리'라는 뜻입니다. 신앙고백이 그만큼 중요하다는 의미입니다. 성경을 잘 요약한 신앙고백이기에 이를 최초로 번역한 윌리엄 베어드 선교사가 어려운 한자인 게요(揭要)를 쓴 것입니다. 이것을 개요(概要: 대강의 요점)로 오해하면 안 됩니다. 웨스트민스터 신앙고백은 우리 교단의 표준문서입니다. 모든 신학과 신앙, 생활의 표준이 된다는 말입니다.[162]

대소요리문답은 총회 헌법책 12신조 다음에 나옵니다(2018년 판 『총회 헌법』, 29-144쪽). 웨스트민스터 신앙고백서를 중심으로 만들어진 소요리문답(107개 문답: 질문과 답의 형태로 교육하는 교재)은 어린이와 초신자용이었고, 대요리문답(196개 문답: 질문과 답의 형태로 교육하는 교재)은 어른용이었습니다. 이것을 임직 전에 읽어보는 것은 교리적 확신을 갖는 데 큰 도움을 줄 것입니다.

3. "본 장로회 정치와 권징 조례와 예배 모범을 정당한 것으로 승낙합니까?"라는 질문은 교단 헌법에 나오는 정

치, 권징조례, 예배 모범을 받아들이고 따르겠냐는 질문입니다.

4. "이 본교회 권사의 직분을 받고 하나님의 은혜를 의지하여 진실한 마음으로 본직(本職)에 관한 범사를 힘써 행하기로 서약합니까?"라는 질문은 인간적인 힘이 아니라 하나님의 은혜를 의지하고, 건성이 아닌 진실한 마음으로, 대충이 아닌 힘써 이 직분을 행할 각오가 되어 있느냐를 묻는 것입니다.

5. "본 교회의 화평과 연합과 성결함을 위하여 전력하기로 서약합니까?"라는 질문은 아무리 열심히 헌신해도 성도들과 화평하지 못하고 연합하지 못하면, 그리고 거룩하지 못하면 참된 권사가 될 수 없기에 묻는 것입니다.

참된 권사는 이 서약문을 읽고 묵상하고 기도하면서 임직식 전에 다짐을 새롭게 해야 할 것입니다.

부록 3

권사의 대표 기도

권사의 대표기도는 매우 중요합니다. 교인들을 대표해서 하나님 앞에 나아가는 것이며, 동시에 함께 기도하는 분들이 공감하여 함께 하나님께 나아가도록 인도하는 것이기 때문입니다. 그래서 대표로 기도한다는 말도 사용하지만, 대표로 기도를 인도한다고 말하기도 합니다. 여기서는 먼저 대표 기도 지침과 주일예배 기도 샘플, 심방예배 기도 샘플을 소개하고자 합니다.

대표 기도 지침
1. 개인 기도는 길게, 대표 기도는 짧게 3분 이내로 하십시오. 기도의 대원칙은 개인 기도는 길게, 대표 기도는 짧게 하는 것입니다.
2. "다 같이 기도합시다"라는 말은 하지 않고 바로 기도로 들어가는 것이 좋습니다. 이미 기도하는 순서임을 모두가 알고 있기 때문입니다.

3. 기도의 내용은 ACTS의 순서대로 하면 됩니다. 하나님을 찬양하고(Adoration) 죄를 자백하고(Confession) 감사하고(Thanksgiving) 간구하는(Supplication) 순서입니다.[163]

A : **찬양**(Adoration)은 우리의 창조주, 우리의 구원자, 우리를 섭리하시는 하나님, 그 외에도 하나님을 높여드릴 수 있는 내용을 가지고 하나님을 찬양하는 것입니다. 우리로 하나님을 예배하게 하심도, 전심으로 하나님을 사랑하게 하심도 찬양할 수 있습니다.

C : **자백**(Confession)은 하나님과 나 사이에 하나님을 기쁘시게 하지 않는 모든 것을 없애버리도록 도와줍니다. 우리는 모두 죄를 지었습니다. 사도 요한은 요한일서 1장 8-9절에서 "만일 우리가 죄가 없다고 말하면 스스로 속이고 또 진리가 우리 속에 있지 아니할 것이요 만일 우리가 우리 죄를 자백하면 그는 미쁘시고 의로우사 우리 죄를 사하시며 우리를 모든 불의에서 깨끗하게 하실 것이요"라고 했습니다.

T : **감사**(Thanksgiving)는 우리의 어린 시절을 생각하면 이해가 잘 됩니다. 어린 시절 누군가 우리에게 선물을 주면 "감사합니다"라고 했습니다. 매 순간 하나님은 우리

에게 선물을 주고 계십니다. 그렇기에 우리는 하나님께서 우리 삶에 이루신 놀라운 일과 우리가 받은 선물들을 기억하며 하나님께 끊임없이 감사해야 합니다. 에베소서 5장 20절에는 "범사에 우리 주 예수 그리스도의 이름으로 항상 아버지 하나님께 감사하며"라고 했고, 데살로니가전서 5장 18절에는 "범사에 감사하라 이것이 그리스도 예수 안에서 너희를 향하신 하나님의 뜻이니라"고 했습니다.

S : **간구 또는 도고**(Supplication or Intercession)는 하나님께 우리 또는 다른 사람의 필요를 위해서 기도하는 것입니다. 간구는 우리 자신의 필요를 아뢰는 것이요, 도고는 다른 사람을 위해 구하는 것입니다(도고는 중보기도라고도 하지만, 디모데전서 2장 5절에 중보자는 오직 예수 그리스도 한 분뿐이시라고 하므로, 중보기도보다는 도고[禱告 : 다른 사람을 위해 하나님께 빌어 고한다는 뜻], 대도[代禱 : 다른 사람을 위해 대신 빈다는 뜻] 또는 다른 사람을 위한 기도라고 한다.) 간구 제목은 매우 많을 것입니다. 세계, 대한민국, 북한 동포, 선교사, 우리가 속한 교단과 신학대학교와 신학대학원, 우리 교회, 우리 자신들을 위해 기도할 수 있습니다. 개인 기도 시에는 충분한 시간을 가지고 하되, 대표 기도 시에는

압축해서 하는 것이 좋습니다. 개인 기도 시에 주님께서 우리에게 기도의 모델로 주신 주기도문을 사용하여 그 형식을 따라 기도하면 좋습니다. 이와 같은 기도의 패턴을 이용하면 더 합당한 기도를 하나님께 드리게 될 것입니다.[164]

4. 간구에서는 이번 주간에 있는 교회의 사역을 위해서 기도하면 좋습니다. 어린이 부서 성경학교, 청소년 및 청년부서 수련회, 단기 선교, 전도집회 등을 위해서 기도할 수 있습니다. 특히 교회적으로 공개해도 되는 심각하게 아픈 성도를 위해서도 기도할 수 있습니다. 특히 영적 리더이신 담임목사님을 위한 기도를 잊지 말아야 합니다. 부목사님, 전도사님들과 평신도 리더인 당회를 위해서도 기도해야 합니다. 또한 오늘의 예배가 하나님께 온전히 올려지고, 모든 예배자가 큰 감동을 받도록 기도해야 합니다.

5. 공예배는 너무나 중요합니다. 그러므로 공예배 대표 기도를 위해서는 적어도 그 주간만큼은 새벽기도를 드리면서 준비하면 좋습니다. 전 교인을 대표해서 기도하는 것이므로 그런 헌신이 필요합니다.

공예배 대표 기도(예문)

전능하신 하나님 아버지, 말씀으로 우주 만물을 만드시고 오늘도 통치하시는 만왕의 왕이신 하나님께 찬양을 드립니다. 우리를 너무나도 사랑하셔서 독생자 예수 그리스도를 보내주시고, 십자가에서 저희 죄인들의 죄를 대속하게 하시니 감사합니다.

하지만 우리는 하나님의 은혜를 저버리고, 우리의 욕심을 따라 온갖 죄를 저질렀음을 고백합니다. 너무나도 죄송합니다. 아버지 하나님의 긍휼하심에 의지하여 회개하오니 우리 마음과 말과 행동으로 지은 모든 죄를 용서하여 주옵소서.

우리가 부족함에도 불구하고 지난 한 주 동안 보살펴주신 하나님께 감사드립니다. 우리가 지나온 모든 순간이 당연한 것이 아니라 하나님의 은혜였습니다. 조국 대한민국이 오늘 이렇게 부강한 나라가 된 것도 하나님의 은혜입니다. 사랑하는 우리 교회를 이렇게 복되게 인도해 주시니 감사드립니다.

이제 간구하옵기는 이번 주에 있는 여름성경학교와 수련회를 통해 다음 세대들이 하나님을 인격적으로 만나게 하옵소서. 하나님 안에만 있는 구원과 인생의 진정한 의미를 알게 하시고, 일생을 하나님 중심으로 살아가게 하옵소서. 교회를 위해 헌신하시는 담임목사님과 목회자님들, 당회의 장로님들에게 복을 주셔서 교회를 말씀과 기도와 행정으로 잘 이끌게 하옵소서. 조국 대한민국을 위해 기도합니다. 북한의 위협으로부터 이 나라를 지켜주시고, 위정자(爲政者 : 정치인)들이 하나님을 두려워하며 하나님의 선하신 뜻을 따라 나라를 이끌게 하옵소서.

오늘 예배를 위해 기도드립니다. 오직 하나님께만 영광을 올려드리게 하옵시며 우리 모두가 신실한 예배자가 되게 하옵소서. 특별히 하나님의 말씀을 전하시는 목사님이 성령님으로 충만하여 하나님의 말씀을 잘 전하게 하옵소서. 예수님의 이름으로 기도합니다. 아멘.

심방 예배 기도(예문)

우주 만물을 만드시고 오늘도 다스리시는 창조주, 섭리주 하나님께 모든 영광을 올려드립니다. 독생자 예수님을 보내시어 우리를 구원하신 하나님께 찬양을 올려드립니다. 이런 엄청난 은혜를 받고도 감사할 줄 모르고 순종할 줄 몰랐던 우리의 모든 허물을 용서하여 주옵소서.

이렇게 우리는 부족함에도 날마다 은혜를 베푸시고, 우리의 인생을 이끌어주시는 선한 목자이신 하나님께 감사드립니다. 지금까지 걸어온 인생길마다 하나님의 은혜가 아닌 것이 없었기에 감사를 드립니다.

오늘은 하나님께서 참으로 사랑하시는 ○○○ 성도님 가정에 심방을 왔습니다. ○○○ 성도님을 참으로 사랑하시는 하나님 아버지, 우리 귀한 성도님에게 은혜를 베풀어주셔서 오늘의 고난을 이기게 하옵소서. 이 고난을 믿음으로 대처하여 하나님의 은혜로 승리하고 머지않아 간증하는 그날이 오게 하옵소서.

오늘 말씀을 전하시는 목사님과 함께하여 주시고, 이 가정에 꼭 필요한 맞춤형 은혜를 주옵소서. 예수님의 이름으로 기도합니다. 아멘. *(심방기도는 짧게 한다.)*

부록 4

권사의 회의법

회의를 진행할 줄 모르면 리더가 될 수 없다는 말이 있습니다. 권사로서 여전도회를 비롯한 여러 모임에서 회의를 인도할 기회가 있습니다. 그래서 여기에 회의법을 간략히 소개하고자 합니다.

회의법의 기본 원칙

토론 자유 원칙 | 상정된 안건에 대해 좋은 결론을 내기 위해서는 회의에 참여한 다양한 구성원들의 의견을 들을 수 있는 토론의 자유가 보장되어야 합니다.

회원 평등 원칙 | 모든 회원이 평등한 대우를 받으며 의견을 개진할 때 더 좋은 결론에 도달할 수 있습니다.

다수결 원칙 | 회의체의 의사결정에서 가장 이상적 방법은

전원 일치이지만, 그렇지 않을 경우 다수가 지지하는 것으로 결론을 내린다는 원칙입니다. 다수 의견이 항상 옳은 것이 아니기에 소수의 의견도 존중하고 참고하여야 합니다.[165]

회원의 발언권 | 모든 회원은 회의 시 발언할 수 있는 기본 권리가 보장되어 있습니다. 그러나 그 권리는 규칙에 의해 제한받습니다.

의사 진행 발언 | 의사 진행은 의장에게 위임된 권한입니다. 그러나 의장이 의사 진행을 올바르게 하지 못할 때 올바르게 진행하도록 촉구하는 발언입니다. 의사 진행 발언도 반드시 의장의 허락을 받아서 해야 합니다. 의장은 의사 진행 발언이 타당하면 받아들여서 진행하고 타당하지 않으면 계속 회무를 진행하면 됩니다.

규칙 발언 | 의사 진행은 규칙(회칙)에 따라 적법한 절차에 의해서 진행되어야 합니다. 그러나 그렇지 못할 경우, 규칙대로 의사 진행을 하도록 일깨워주는 발언입니다. 회의를 진행하는 지도자는 회의법을 잘 숙지하고 있어야 합니다.

발언권 신청과 승인 | 모든 발언은 반드시 의장에게 신청하여야 하고 의장의 허락이 있어야 합니다. 다른 사람이 발언하고 있는 중에는 발언권을 신청할 수 없습니다. 회원이 발언하고 있는데 "의장!" 하면서 소리를 지르는 것은 무례한 행동입니다.

발언 횟수와 시간 | 규칙에 발언 횟수에 관한 규정이 있으면 그것을 따르면 됩니다. 그러나 규칙에 나와 있지 않을 경우, 의장이 "모든 회원은 하나의 의안에 대해서 1회 혹은 2회에 한하여 발언할 수 있습니다"라고 공지해야 합니다. 특별한 찬반 토론이 있을 때, 찬성 측 2~3인, 반대 측 2~3인으로 발언하게 하고 결의 과정을 진행할 수 있습니다.

의제에 벗어난 발언 | 회원이 의제 이외의 발언이나 회의를 지연시키는 발언, 명예를 훼손하는 발언, 다른 사람을 모욕하거나 사생활에 대한 신상 발언은 의장의 직권으로 중지시켜야 합니다.[166]

회장의 권한

교회에서의 모든 회의는 성경의 가르침대로 상호 존중과 사랑의 마음으로 진행해야 합니다. 회장의 권한은 다음과 같습니다.

1. 회원으로 회칙을 지키게 하고 회석의 질서를 정돈합니다.
2. 개회, 폐회를 주관하고 순서대로 회무를 지도합니다.
3. 잘 의논한 후에 신속한 방법으로 안건을 처리하여야 합니다.
4. 각 회원이 다른 회원의 언권을 침해하지 못하게 합니다.
5. 회장의 승낙으로 언권을 얻은 후에 발언하게 합니다.
6. 의안(議案) 범위 밖으로 탈선하지 않게 합니다.
7. 회원 간에 모욕 혹은 풍자적인 말, 무례한 말을 금합니다.
8. 회무 진행 중에 퇴장을 금합니다.
9. 가부를 물을 의제(議題)는 회중에게 밝히 설명한 후에 가부를 표결합니다.
10. 가부 동수일 때는 회장이 결정하고(이 경우는 회장이 사전에 투표하지 않아야 한다.) 회장이 이를 원하지 않으면 그 안건은 자연히 부결됩니다.
11. 회장은 매 안건에 결정을 공포합니다.

12. 특별한 일로 회의 질서를 유지할 수 없는 경우, 회장이 비상 정회를 선언할 수 있습니다.[167]

의안 처리의 원칙

의안을 처리하는 데는 원칙이 있습니다. 이것을 알아야 회의를 원만하고 신속하게 진행할 수 있습니다.

일의제(一議題) **원칙** | 안건을 심의할 때 의장은 심의할 의안이 2개 이상이면 1개 안건씩 심의하여 결의하여야 합니다.

일사부재리(一事不再理) **원칙** | 회기 중에 부결된 의안은 동일 회기 내에서 다시 발의·심의하지 못한다는 원칙으로, 회의 운영의 방해를 방지하는 데 그 목적이 있습니다. 단, 재론 동의가 규정에 있는 경우에는 규정된 사안에 대해서 일사부재리 원칙을 넘어 예외적으로 재론할 수 있습니다.

유안건(留案件) **우선의 원칙** | 전 회기에서 유안건으로 남긴 안건은 신 회기에서 신 안건을 다루기 전에 우선적으로 처리해야 합니다.

회기 불계속(不繼續)의 원칙 | 회기 중에 상정된 안건은 그 회기 중에 다루지 않으면 다음 회기로 그 안건이 넘어가지 않고 자동적으로 폐기됩니다.

후 회기 결의 우선의 원칙 | 전(前) 회기의 결의와 후(後) 회기의 결의가 상충 모순될 때 후 회기의 결의가 우선합니다.168)

안건(의안) 결의 과정

동의가 된 안건은 토론 후 총의(總意)에 의해 표결하여 결의합니다.

재청과 전포(傳布) | 안건은 동의와 재청을 받은 후 가부를 물어 처리합니다. 의장은 동의가 있으면 반드시 재청을 물어야 합니다. "재청이 있습니까?" 이것을 전포(傳布)라고 합니다. 의장이 묻기도 전에 회원들이 "재청합니다"라고 했을지라도 의장은 "예, 재청 있습니다"라고 해야 합니다. 그리고 가부를 물어 결의해야 합니다. 만일 회원 중에 "아니오"라고 말한 사람이 있다면, 그것이 다음 항에 나오는 개의가 아니고 원안에 대해 반대하는 것이라면, 당황하지 말

고 "그러면 거수로 결의하겠습니다"라고 말합니다. 그런 후 "'아니오'라고 생각하시는 분들은 손을 들어주시기 바랍니다"라고 말하고 계수하고, 이어서 "기권하시는 분들은 손을 들어주시기 바랍니다"라고 하고 계수합니다. '아니오'와 '기권'을 합하여 과반수를 넘지 못하면 다음과 같이 공포합니다. "○○ 안건은 가결되었습니다."

동의, 개의 및 표결 | 안건에 동의와 재청을 받은 후 안건 전체를 반대하는 것이 아니라 일부 내용을 변경하는 제안을 할 수 있습니다. 그것이 개의입니다. 재개의도 개의의 부수적 조건만 변경하는 것입니다. 개의와 재개의 역시 재청까지 받아야 성안이 됩니다. 성안이 되면 '재개의 → 개의 → 동의' 순으로 찬성자를 거수하여 표결(表決 : 의안에 대해 가부로 결정함)합니다. 단, 안건에 따라 규칙(회칙)에 무기명 비밀 투표로 하도록 되어 있으면 무기명 비밀 투표로 표결해야 합니다.

표결의 방법 | 의안을 가부로 결정하는 표결의 방식은 다음과 같습니다.
1. 약식표결 : 국회 회의법에서는 별도의 규정이 없으면 이 방법을 사용합니다. 토론 후 의장이 "이의 있습니까?"라

고 물었는데 응답이 없으면, 이의가 없는 것으로 간주하여 "가결되었습니다"라고 선포합니다. 이때 "이의 있습니다"라고 응답이 나오면, 의장은 가부를 묻고 필요시 거수를 통하여 표결합니다.

2. 구두표결 : 의장이 가부를 묻기 위해 "찬성하시면 예 하시기 바랍니다"라고 할 때 "예"라고 답하는 회원이 있는 반면에 "아니오"라고 답하는 회원이 있으면, 청중 소리의 강약에 따라 다수라고 생각하는 쪽에 가부 결정을 선포하는 경우가 있습니다. 이것이 구두표결입니다. 그러나 이 방법은 분쟁의 씨앗이 될 수 있습니다. 구두표결은 만장일치 때만 사용하는 것이 현명합니다.

3. 거수표결 : 가장 확실한 표결 방식이며 모든 다툼을 해결할 수 있습니다. 회원들이 앉아서 손을 들어 찬반을 표시하여 표결하는 방식입니다. 이때 서기가 수를 세어 의장에게 보고해야 합니다.

4. 기립표결 : 일어서는 것으로 찬반에 대한 의사를 표결하는 방법입니다.

5. 무기명 비밀 투표 : 지정된 투표용지에 찬성과 반대를 표시해서 결정짓는 방법입니다. 투표자의 비밀 유지가 필요한 경우 이 방법을 사용합니다.

표결의 공포 | 표결 공포 전에 반드시 "투표를 종료하겠습니다"라고 하여야 합니다. 표결을 공포할 때 의장은 먼저 의결정족수를 확인하여 공포하여야 합니다. 의결정족수에 대한 별도의 규칙이 없는 경우에는 과반수 찬성으로 가결합니다. 그러나 규칙에 재적 회원, 출석회원, 투표수라는 기준이 명시되어 있으면 그 규칙에 따라야 합니다. 공포 전에 의장은 반드시 "표결 결과를 공포하겠습니다"라고 한 후 공포해야 합니다. 표결 결과 발표는 폐회 전에 해야 합니다.[169]

여전도회 회의 및 회의록(예시, 예문)

회의(예시)

1. 개회 예배
   의장이 성경을 봉독하고 말씀을 전한 후 주기도문으로 마칩니다.
2. 개회 선언
   의장 : 서기 ○○○ 집사, 회원 호명을 해 주시기 바랍니다.
   서기 : 회원 호명을 생략하고 출석회원을 확인한 결과 ○○명이 출석하였습니다.
   의장 : ○○명 출석으로 ○○월 월례회 개회를 선언합니다.

3. 회순 채택

의장 : 서기께서는 회순을 보고해 주시기 바랍니다.

서기 : 오늘 월례회는 ①개회 선언 ②회순 채택 ③전 회의록 낭독 ④보고 사항 ⑤심의 사항 ⑥기타 사항 ⑦폐회 선언 순으로 진행합니다.

의장 : 회순 채택에 이의 있습니까? 이의 없으므로 서기가 보고한 회순대로 채택되었습니다.

4. 전 회의록 낭독

의장 : 회록 서기께서는 전 회의록을 낭독해 주시기 바랍니다.

회록서기 : 전 회의록을 낭독하겠습니다. ….

의장 : 전 회의록을 낭독했습니다. 어떻게 할까요? (동의, 재청, 가부를 묻고 수정한다. 혹시 수정할 것이 있다고 하면 동의, 재청, 가부를 물어 수정하여 수정한다.)

5. 보고 사항

의장 : 회순에 따라 이번에는 보고 사항입니다. 먼저 회계 보고부터 받겠습니다. 회계 나오셔서 보고해 주시기 바랍니다.

회계 : 유인물을 참고해 주시기 바랍니다.

회원 : (보고를 다 받은 후에 동의 재청이 있을 수 있고, 유인물대로

받는 동의 재청이 있을 수 있다.)

의장 : 동의 있습니까? 재청 있습니까? 동의와 재청이 있습니다. 가하시면 예 하십시오. 아니면 아니라 하십시오. 회계 보고를 받기로 가결되었습니다. (혹은 질문이 있으면 그에 신실하게 답하면 된다.) 이어서 서기 나오셔서 지난달 사업 보고를 해 주시기 바랍니다.

서기 : (지난달 사업보고를 한다.)

의장 : (회계 보고처럼 진행하고 질문이 있으면 신실하게 답변한다.)

6. 심의 사항

의장 : 서기 나오셔서 오늘 결의해야 하는 안건을 상정해 주시기 바랍니다.

서기 : 오늘 토의하여 결의해야 할 안건은 사업계획으로 다음과 같습니다. …

의장 : 오늘 안건 상정에 이의가 없으면 하나하나 토론하여 가결하도록 하겠습니다. (위의 회의 진행 방식에 따라 표결하도록 이끈다.)

7. 기타 사항

의장 : 기타 사항입니다. 오늘 신입회원을 소개하는 시간을 갖겠습니다.

8. 회의록 낭독 채택 폐회

의장 : 오늘 결의 내용에 대한 회의록을 채택하는 시간을 갖겠습니다. 어떻게 할까요?

회원 : 회의록 채택은 의장과 서기에게 위임하기로 하고 폐회하기로 동의합니다.

의장 : 이의 있습니까? 없으시면, 재청이 있습니까? 가하시면 예 하십시오. 아니면 아니라 하십시오. 회의록 채택은 의장과 서기에게 위임하기로 하고 폐회가 가결되었습니다.

9. 폐회 선언

의장 : ○○월 월례회가 폐회되었음을 선언합니다. ○○○ 집사님, 폐회기도 해 주십시오.[170]

회의록(예문)

1. 개회 예배

2024년 ○○월 ○○일 오후 4시에 회장 ○○○ 권사의 사회로 찬송가 303장을 찬양한 후 ○○○ 집사가 기도하다. 그 후 회장이 갈라디아서 6:1-4을 통해 '서로 짐을 지라'는 제목으로 말씀을 전한 후 주기도문으로 마치다.

2. 개회 선언

동일 오후 4시 30분에 여전도회 서기가 출석 인원을 의장에게 보고하니 의장은 ○○명의 출석으로 개회를 선언하다.

3. 회순 채택

회순 채택으로 ① 개회 선언 ② 회순 채택 ③ 전 회의록 낭독 ④ 보고 사항 ⑤ 심의 사항 ⑥ 기타 사항 ⑦ 폐회 선언 순으로 진행키로 하다.

4. 전 회의록 낭독

회록 서기가 전 회의록을 낭독하니 그대로 받기로 하다.

5. 보고 사항

회계가 재정을 보고하니 총수입 (   )원, 총지출 (   )원, 잔액 (   )원을 보고하니 첨부와 같이 받기로 하다. (유인물을 회의록에 반드시 첨부하한다.)

6. 심의 사항

서기로 하여금 상정할 안건을 보고하니, 1. ···. 2 ···. 3 ···. 동의와 재청으로 성안한 후 1. ···. 2 ···. 3 ···.을 결의하다.

7. 신입 회원

의장이 당회의 교인 등록으로 확정한 신입회원 ○○○, ○○○ 씨를 회원으로 받기로 만장일치로 가결하다.

8. 폐회 선언

의장이 폐회 동의, 재청, 가부를 물어 폐회를 선언하니, 동일 ○○시 ○○분이더라.[171]

미주

1. 정성욱,『스피드 조직신학』(서울: 홍성사, 2013, 19쇄), pp. 167-168.
2. (ed.) John T. McNeill, *CALVIN: INSTITUTES OF THE CHRISTIAN RELIGION*, vol. 2 (Philadelphia: The Westminster Press, 1970), p. 1012. For those to whom he is Father the church may also be Mother.
3. 위의 책, p. 1016. The visible church as mother of believers: … it is that we should know her. For there is no other way to enter into life unless this mother conceive us in her womb, give us birth, nourish us at her breast, and lastly unless she keep us under her care and guidance until, putting off mortal flesh, we become like angels(Matt. 22:30). … Furthermore, away from her bosom one cannot hope for any forgiveness of sins or any salvation, as Isaiah(Isa. 37:32) and Joel(Joel 2:32) testify.
4. 라영환,『개혁주의 조직신학 개론』(경기도 화성: 총회세계선교회 출판사, 2020), p. 308.
5. (ed.) Gerhard Kittel and Gerhard Friedrich, *Theological Dictionary of the New Testament*, tr. Geoffrey W. Bromiley, vol. Ⅲ. (Grand Rapids: Wm. B. Eeerdmas Publishing Company, 1974, Fifth printing), pp. 531, 502.
6. 위의 책, p. 515. The English "Church", lie the German Kirche, almost certainly comes from the adj. κυριακός, not from ἐκκλησία, but a kind of popular etymology constantly connects it with latter. (ed.)
7. 라영환, 위의 책, p. 313.
8. 위의 책, pp. 313-314.
9. Kyle Idleman, gods at war, 배웅준 옮김,『거짓 신들의 전쟁』(서울: 규장, 2013), p. 111.
10. 위의 책, p. 135.
11. 위의 책, pp. 165-168.
12. 위의 책, p. 206.
13. 위의 책, p. 229.
14. 위의 책, p. 255.

15 위의 책, p. 299.
16 위의 책, p. 322.
17 위의 책, pp. 347-348.
18 라영환, 위의 책, pp. 316-317.
19 (ed.) John T. McNeill, *CALVIN: ISTITUTES OF THE CHRISTIAN RELIGION*, vol. 2, p. 1014. The church is called universal, because there could not be two or three churches unless Christ be torn asunder(cf. I Cor. 1:13)-which cannot happen! But all the elect are so united in Christ(cf. Eph. 1:22-23) that as they are dependent on one Head, they also grow together into one body, being joined and knit together(cf. Eph. 4:16) as are the limbs of a body(Rom 12:5; I Cor. 10:17; 12:12, 27). They are made truly one since they live together in one faith, hope, and love, and in the same Spirit of God.
20 라영환, 위의 책, pp. 317-318.
21 "성령을 믿사오며 거룩한 공회와(피스튜오 에이스 토 프뉴마 토 하기온, 하기안 카톨리켄 에클레시안 Πιστεύω εἰς τὸ πνεῦμα τὸ ἅγιον, ἁγίαν καθολικὴν ἐκκλησίαν)", 여기에서 '카톨리켄'이 보편성을 뜻하는 단어인 '카톨리코스'의 목적격입니다. 이는 헬라어의 '카타'(κατά)와 '홀로스'(ὅλος)의 합성어로서 '처음부터 끝까지 전부'(throughout all)라는 의미입니다. 사도행전에서 이 표현이 '온 교회'(church throughout all)라고 쓰였습니다(행 9:31 NASB).
22 공회라고 할 때 '공'에 해당하는 '카톨리코스'(남성 주격 단수)를 '카톨리케'(여성 주격 단수)라고 한 것은 뒤에 나오는 명사 에클레시아가 여성형 주격 단수이기 때문입니다. 형용사는 수식하는 명사의 성, 수, 격에 일치해야 합니다.
23 Walter Bauer, *A Greek-English Lexicon of the New Testament and Other Early Christian Literature* (Chicago: The Univ. of Chicago Press, 1979), p. 390.
24 옥한흠, 『다시 쓰는 평신도를 깨운다』 (서울: 두란노, 1998, 36쇄), pp. 89-103.

25 이어령, 『지성에서 영성으로』 (서울: 도서출판 열림원, 2011, 67쇄), pp. 215-216.
26 이승구, 『교회란 무엇인가?』 (서울: 도서출판 나눔과 섬김, 2010), p. 154.
27 L Berkhof, *Systematic Theology* (Grand Rapids: Wm. B. Eerdmans Publishing Co, 1976), p. 577. This is the most important mark of the Church. The true preaching of the Word is the great means for maintaining the Church and for enabling her to be the mother of the faithful.
28 정성욱, 『스피드 조직신학』, p. 178.
29 L Berkhof, *Systematic Theology*, pp. 577-578. The sacrament should never be divorced from the Word, for they have no content of their own, but derive their content from the Word of God; they are in fact a visible preaching of the Word. As such they must also be administered by lawful ministers of the Word, in accordance with the divine institution, and only to properly qualified subject, the believers and their seed.
30 정성욱, 위의 책, p. 181.
31 L. Berkhof, *Systematic Theology*, p. 578. The faithful exercise of discipline. This is quite essential for maintaining the purity of doctrine and for guarding the holiness of the sacraments. Churches that are lax in discipline are bound to discover sooner or later within their circle an eclipse of the light of the truth and as abuse of that which is holy.
32 Walter Bauer, *A Greek-English Lexicon of the New Testament*, p. 556.
33 석명규, "한국장로교 12신조와 개혁교회 신앙고백," 『알깨바를 외치자』, p. 177.
34 장차남, 『한국교회 목회 현장을 말한다』 (서울: 대한예수교장로회총회 출판부, 2009), p. 232.
35 웨스트민스터 대요리문답(총 196문)은 케임브리지 대학의 부총장이며 신학교수였던 안토니 터크니 박사(Dr. Anthony Tuckney)가 책임을 맡아 작성하였습니다. 백스터(Richard Baxter, 1615-1691) 목사는 "내가 본 것 중 최상의 요리문답이요, 기독교 신앙과 교리를 가장 잘 요약해 놓은 요

리문답이며, 정통사상을 가르치고 있는지를 시험해 보기에 가장 적합한 요리문답이다"라고 했습니다. 석명규, "한국장로교 12신조와 개혁교회 신앙고백," p. 196.

36 대한예수교장로회총회, 『총회 헌법』, p. 59.
37 '가라'(포류덴테스, πορευθέντες), '세례를 베풀라'(밥티존테스, βαπτίζοντες), '가르치라'(디다스콘테스, διδάσκοντες)라는 세 분사는 주동사인 '제자를 삼으라'(마데튜사테, μαθητεύσατε)는 명령형과 연결됩니다. 세 분사는 주동사 '제자를 삼으라'의 과정을 설명합니다. 즉 제자로 삼기 위해서는 가야 하고, 세례를 베풀어야 하고, 가르쳐야 한다는 것입니다. 주동사가 명령법인데, 세 분사 역시 명령의 의미를 담고 있습니다. 즉 가라, 세례를 베풀어라, 가르쳐라, 이 세 가지의 과정이 지나고 제자로 삼으라는 것입니다. 한편 부정사 '지키게 하라'(테레인, τηρεῖν)는 '가르치라'(διδάσκοντες)를 수식합니다. 주님의 명령을 지키도록 가르치라는 것입니다. 주동사를 살려서 본문을 다시 해석하면 다음과 같습니다. "그러므로 너희는 가서(πορευθέντες), 아버지와 아들과 성령의 이름으로 세례를 베풀고(βαπτίζοντες), 내가 너희에게 분부한 모든 것을 지키도록(τηρεῖν) 가르쳐서(διδάσκοντες) 모든 민족을 제자로 삼아라(μαθητεύσατε). 내가 세상 끝날까지 너희와 항상 함께 있으리라 하시니라."
38 Thom S. Rainer, *I am a Church Member*, 김태곤 옮김, 『I am a Church Member』 (서울: 아가페북스, 2015), p. 29.
39 위의 책, pp. 39, 43.
40 짤방은 '짤림 방지용 사진'에서 유래된 인터넷 용어입니다. 아예 짤이라고 불리는 경우도 많습니다. 현재는 의미가 확장되어 인터넷 밈 중 이미지 형식인 것, 또는 더 나아가 모든 이미지 파일을 지칭하기도 합니다. '디시인사이드'나 '웃긴 대학' 같은 소위 유머 커뮤니티에서 언급되는 빈도가 특히 높습니다. 반면에 유튜브를 비롯한 영상매체에서는 '짤방'이라는 표현도, 짤방 이미지 그 자체도 그다지 자주 쓰이지는 않습니다. 이는 짤방의 본질이 '이미지 파일'이라는 것을 방증하는 것이라고 볼 수 있습니다. https://namu.wiki/w/짤방
41 지용근 외, 『한국교회 트렌드 2024』 (서울: 규장, 2023), p. 110.
42 위의 책, pp. 108, 110-111, 115, 124-125, 129.
43 위의 책, pp. 135, 138.

44　위의 책, pp. 148-149.
45　위의 책, pp. 152-153.
46　위의 책, pp. 153-154.
47　위의 책, p. 154.
48　대한예수교장로회총회, 『총회 헌법』, p. 153.
49　신세원, 『미처 알지 못했던 한국 교회사 이야기』 (서울: 기독신문사, 2008), p. 64.
50　이만규, 『권사, 그 영광스러운 직분』 (경기 파주: 비전북, 2023), p. 42.
51　박용규, 『한국기독교회사』, 제2권 (서울: 한국기독교사연구소, 2017, 2판, 2쇄), pp. 62-63, 65. 69, 71-72. 독노회란 하나의 노회라는 뜻으로서, 총회가 구성되기 이전에 대한예수교장로회는 하나의 노회만 있었기에 그것을 독(獨)노회라고 부릅니다. 독노회 이전인 1893~1900년은 선교사 공의회 시대라고 부릅니다. 선교사들이 전국교회를 치리할 때입니다. 1901~1906년은 장로회 공의회 시대라고 부릅니다. 아직 한국인 목사가 배출되지는 않았지만, 한국인 조사와 장로, 영수가 선교사들과 함께 치리하던 시대입니다. 1907~1911년을 독노회 시대라고 부릅니다. 1907년 평양신학교 졸업생 7명이 처음으로 목사 안수를 받고 목사 노회원이 됩니다. 한국 목사와 선교사 목사가 한국 장로들과 함께 노회를 조직한 것입니다. 독노회 아래로 7개의 대리회(소회라고도 함)가 구성되어 있었습니다. 1907년 9월 17일 오전 9시, 한국인 장로 36명, 선교사 33명, 찬성 위원 9명, 합 78명의 회원이 모인 가운데 평양의 장대현교회에서 역사적인 '대한예수교장로회 노회'가 조직되었습니다. 바로 9개월 전 한국교회에 놀라운 성장을 점화시킨 그 역사적 현장에서 이 민족을 대변하는 독립된 민족교회가 태동한 것입니다. … 첫 노회에서 평양신학교 제1회 졸업생인 서경조, 한석진, 양전백, 방기창, 길선주, 이기풍, 손인서가 목사로 장립 받았습니다. … 독노회가 결성되면서 한국장로교회는 소위 12신조로 알려진 장로교 신앙에 기초한 신앙고백을 채택했습니다. 드디어 1912년 9월 1일 노회에서 파송한 목사 총대 96명(목사 52명, 선교사 44명), 장로 125명, 도합 221명의 총대가 참석한 가운데 평양 경창리에 있는 여자성경신학원에서 역사적인 '조선예수교장로회 총회'가 결성되었습니다. … 미국 장로교회의 경우 1706년 노회가 결성되고 82년 만인 1788년에 총회가 결성된 것으로 미루어 볼 때 한국장로교회가 노회 결성 5년 만에 총회를 조직한 것은 대단

히 빠른 것이었습니다. 이는 부흥운동의 결과로 한국교회가 급속도로 성장했기 때문이었습니다.
52 『대한예수교장로회 독노회록 PDF』, p. 178.
53 이상규, 『한국교회사의 뒤안길』 (경기도 용인: 킹덤북스, 2015), p. 124. 영수(領袖: 한자의 뜻은 여럿 중의 우두머리)는 일종의 안수받지 않은 장로(unordained elder)였습니다. 그러면서도 치리하는 장로의 역할을 감당하던 한정적인 직분이었습니다. 이들은 개교회에서 먼저 믿은 자 중에 선임되어 말씀의 사역자가 없는 미조직교회에서 예배 인도와 교회 관리를 담당했습니다. 이들 영수는 초기에는 선교사들에 의해 임명되었는데, 그 임기는 1년이었고 연임될 수 있었습니다.
54 『대한예수교장로회 독노회록 PDF』, p. 236.
55 위의 자료, p. 153.
56 『대한예수교장로회 총회 회의록』, 제11권(1946-1956년, 32회-41회), p. 316.
57 위의 책, p. 366.
58 F. F. Bruce, *The New International Commentary on the New Testament: The Book of the ACTS* (Grand Rapids: Wm. B. Eerdmans Publishing, 1986), p. 351.
59 김신일, "좋은 권사란 누구인가," p. 454.
60 John Murray, *The New International Commentary on the New Testament: The Epistle to the Romans*, vol. Ⅱ (Grand Rapids: Wm. B. Eerdmans Publishing, 1965), p. 226.
61 위의 책, p. 227.
62 위의 책.
63 김신일, "좋은 권사란 누구인가," pp. 454-455.
64 Benjamin L. Merkle, *40 Questions About Elders and Deacons*, 최동규 옮김, 『장로와 집사에 관한 40가지 질문』 (서울: CLC, 2012), pp. 403-404.
65 John Murray, *The New International Commentary on the New Testament: The Epistle to the Romans*, vol. Ⅱ, p. 226. If Phoebe ministered to the saints, as is evident from verse 2 then she would be a servant of the church and there is neither need nor warrant to suppose that she occupied or exercised what amounted to an ecclesiastical office comparable to that of the diaconate.
66 김신일, "좋은 권사란 누구인가," p. 455.

67 John Murray, *The New International Commentary on the New Testament: The Epistle to the Romans*, vol. Ⅱ, p. 231.
68 이상규, 『한국 교회사의 뒤안길』 (용인: 킹덤북스, 2015), pp. 200-204.
69 윤정란, 『한국기독교 여성운동의 역사』 (서울: 국학자료원, 2003), pp. 41-42. 한국 사회에 전도부인이 출현한 것은 개신교 선교사들이 내한한 1885년 이후의 일이었습니다. 선교사들이 전도부인을 필요로 한 것은 당시 한국 사회의 엄격한 내외법 때문이었습니다. 여선교사들은 한국 여성을 전도하려 해도 엄격한 내외법 때문에 접근할 수 없었습니다. 그래서 고안해낸 것이 전도부인 제도였습니다. 전도부인(Bible Woman)은 성경책을 들고 자유롭게 각 가정을 출입하면서 한국 여성들을 만날 수 있었습니다. 이러한 필요성에 의해 전도부인이 출현했으며 이를 처음 적용한 인물이 내한 선교사 스크랜튼(Mary Fitch Scranton) 부인이었습니다. 전도부인은 당시 사회·경제적으로 소외된 계층에 있던 여성들이 대부분이었습니다. 대체로 과부들이 많았고 가난한 형편에 있는 여성들이었습니다. 전도부인으로 활동하기 위해서는 성경반, 성경연구반, 성경학원 등에서 교육을 받아야 했습니다. 이들의 역할은 전도와 권서, 교사였습니다.
70 김재현, 『한반도에 새겨진 십자가의 길』 (서울: 한국고등신학연구원, 2013), pp. 215-217.
71 황대식, 『좋은 권사 되게 하소서』 (서울: 생명의말씀사, 2022), p. 269.
72 대한예수교장로회총회, 『총회 헌법』, p. 153.
73 『대한예수교장로회 총회 회의록』, 제11권(1946-1956년, 32회-41회), p. 366.
74 Benjamin L. Merkle, *40 Questions About Elders and Deacons*, pp. 368-369.
75 김헌수, "신약에서 가르치는 집사의 직분," 『성경에서 가르치는 집사와 장로』, p. 102.
76 Benjamin L. Merkle, 위의 책, pp. 369-370.
77 김헌수, 위의 책, p. 103.
78 Gene A. Getz, *Elders and Leaders*, 김형원 옮김, 『직분론』 (서울: 도서출판 국제제자훈련원, 2007), p. 140.
79 김헌수, 위의 책, pp. 105-106.
80 Benjamin L. Merkle, 위의 책, pp. 370-371.
81 위의 책, pp. 371-372.
82 John Calvin, *The Second Epistle of Paul the Apostle to the Corinthians and the*

Epistles to Timothy, Titus and Philemon (Grand Rapids:Eerdmans, 1964), p. 229. 재인용. 김헌수, "신약에서 가르치는 집사의 직분," p. 108.
83 위의 책, p. 121.
84 Gerard Berghoef and Lester DeKoster, *The Deacons Handbook: A Manual of Stewardship*, 황영철 옮김, 『집사 핸드북』 (서울: 개혁된실천사, 2020), pp. 115-116.
85 Thabiti M. Anyabwile, *Finding Faithful Elders and Deacons*, 전의우 옮김, 『충성된 장로와 집사를 찾아서』 (서울: 국제제자훈련원, 2014), p. 28.
86 김윤경, "왜 피택되었다고 생각하십니까," 『알깨바를 외치자』, p. 23.
87 대한예수교장로회총회, 『총회 헌법』, p. 202. "제7조 교회의 선거 투표: 선거 투표는 무흠 입교인이 기도하는 마음으로 비밀히 할 것인데 교회에서나 어떤 회에서든지 투표하는 일에 대하여 사회에서와 같이 인위적으로 선거 운동을 하여 당선시키고자 하는 사람의 성명을 기록하여 돌리거나 방문 권유하거나 문서나 집회를 이용하여 선거 운동하는 일을 금한다."
88 황대식, 위의 책, pp. 274-275.
89 Timothy Keller, *Resource for Deacons*, 조수아 옮김, 『팀 켈러, 집사를 말하다』 (서울: 사단법인 두란노서원, 2023), p. 26.
90 김희보, 『구약 호세아 주해』 (서울: 총신대학교 출판부, 1990), p. 93, 428.
91 Francis Brown, S. R. Driver and Charles A Briggs, *A Hebrew and English Lexicon of the Old Testament with an Appendix Containing the Biblical Aramaic* (Oxford: Clarendon Press, 1978), pp. 217-218.
92 이상원, 『프란시스 쉐퍼의 기독교 변증』 (서울: 세상바로보기, 2021), p. 95.
93 James Innel Packer, *Knowing God*, 정옥배 옮김, 『하나님을 아는 지식』 (서울: 한국기독학생회출판부, 2007), p. 25.
94 위의 책, p. 43.
95 Stephen Charnock, *The Knowledge of God*, vol. 1, p. 105.
96 James Innel Packer, *Knowing God*, p. 26.
97 John Calvin, *Commentary on Hosea*, p. 169.
98 L Berkhof, *Systematic Theology*, p. 350. The nature of the ascension. The ascension may be described as the visible ascent of the person of the Mediator from earth to heaven, according to His human nature. It was a local transition, a going from place to place. This implies, of

course, that heaven is a place as well as earth.
99   John Ortberg, *How Do I Know If I'm Really Saved?*, 정성묵 옮김『내가 구원받았는지 어떻게 알 수 있는가』(서울: 두란노서원, 2019), p. 20.
100 Frank C. Laubach, *The Game with Minute*, 안정임 옮김,『프랭크 루박의 1분 게임: 하나님과의 동행 연습』(서울: 더드림, 2018, 초판 7쇄), pp. 19-25
101 James Innel Packer, *Knowing God*, p. 21.
102 김남준,『하나님의 깊은 사랑을 경험하라』(서울: 생명의말씀사, 1999, 4쇄), pp. 26-27.
103 D. Martin Lloyd-Jones, *The Love of God*, 김태곤 옮김,『하나님의 사랑』(서울: 생명의말씀사, 2018, 2판 4쇄), p. 63.
104 김남준, 위의 책, p. 116.
105 Kyle Idleman, *gods at war*, 배응준 옮김,『거짓 신들의 전쟁』(서울: 규장, 2013), p. 60.
106 위의 책, p. 61.
107 조정민, "신권위주의의 토양,"「국민일보」, 2019. 11. 1. 미선란, p. 27.
108 Kyle Idleman, 위의 책, p. 30.
109 위의 책, pp. 40, 50-54.
110 David F. Wells, *God in the Whirlwind: How the Holy-love of God Reorients Our World*, 이용중 옮김,『하나님의 거룩한 사랑』(서울: 부흥과개혁사, 2016, 2쇄), p. 15.
111 위의 책, pp. 256-257.
112 위의 책, pp. 115-116.
113 Walter Bauer, *A Greek-English Lexicon of the New Testament and Other Early Christian Literature*, pp. 445-446.
114 Francis Brown, S. R. Driver and Charles A Briggs, *A Hebrew and English Lexicon of the Old Testament*, p. 431.
115 John Bevere, *The Fear of the Lord*, 이한상 역『여호와를 경외하라』(서울: 크레도, 1999), p. 252.
116 흠정(欽定)이란 왕이 직접 제정한 법이나 제도를 말합니다. 그러므로 흠정역(欽定譯)이란 왕이 지시해서 번역한 성경입니다. 영어의 흠정역은 킹제임스 버전(King James Version)을 말합니다. 1611년 잉글랜드 왕 제

임스 1세의 지시로 출판된 영역 성경입니다.

117 John Bunyan, *The Fear of God*, 이태복 옮김, 『경외함의 진수』 (서울: 지평서원, 2014, 개정판 2쇄), p. 19. 각주 2)

118 Joy Dawson, *Intimate Friendship With God*, 이상신·양혜정 옮김 『하나님을 경외하는 마음』 (서울: 예수전도단, 2017, 개정증보판, 24쇄), p. 53.

119 위의 책, p. 83.

120 John Bunyan, 위의 책, p. 159. 위의 열네 가지 유익은 존 번연의 책 133-159쪽의 내용을 발췌한 것입니다. 화창(和暢)은 그 마음이 하나님을 향해서 넓어지고, 하나님의 길에 대해서 넓어지고, 하나님의 거룩한 백성들을 향해 넓어지고, 다른 사람들의 구원을 추구하는 사랑에 있어서 넓어진다는 뜻입니다. 히브리어로는 '라카브'(רחב)라고 합니다. 넓어지고 커진다(grow wide or large)는 뜻을 가지고 있습니다.

121 Paul David Tripp, *AWE: WHY IT MATTERS FOR EVERYTHING WE THINK, SAY AND DO*, 조계광 옮김, 『뒤틀린 삶을 바로잡는 힘, 경외』 (서울: 생명의 말씀사, 2020, 4쇄), pp. 36, 39. 잘못된 경외심은 하나님만 하실 수 있는 일을 물리적인 피조물이나 인간이 만들어 낸 것이 행한 일로 간주하는 것입니다. 또한 우리 마음속에서 일어나는 싸움은 하나님을 경외하는 마음과 자아를 경외하는 마음의 싸움입니다. 당신은 당신이 두려워하는 것을 섬기게 됩니다. John Bevere, The Fear of the Lord, p. 252.

122 위의 책, pp. 160, 150. 누군가를 질투하고 다른 사람이 누리는 복을 시기하지 않았습니까? 섹스, 음식, 술이 주는 쾌락을 갈망하는 욕망을 제어하기가 어렵지 않았습니까? 불친절하고 사랑이 없는 말이나 행동으로 갈등을 일으킨 적은 없습니까? 솔직한 사람이라면 갈라디아서 5장 19-21절의 말씀에 나열된 죄가 우리 각자를 묘사하고 있다는 것을 인정하지 않을 수 없을 것입니다. 어째서 이러한 삶을 살게 된 것일까요? 죄가 우리 모두를 경외심을 왜곡시킨 죄인으로 만들었기 때문입니다. 우리는 우리 자신을 하나님 자리에 올려놓습니다. 우리 자신을 세상의 중심에 세웁니다. 모든 죄인은 하나님을 잊고 자신을 왕으로 추대합니다. 도덕적인 잘못과 사람들 사이의 갈등은 모두 여기에서 비롯합니다. 경외심 쟁탈전이 곧 성화의 과정입니다.

123 위의 책, p. 180. 교회가 안고 있는 문제의 근원은 인력을 운용하거나 사람들을 훈련하는 것이 아닙니다. 예수 그리스도의 교회는 경외심의 문

제를 안고 있습니다. 교회는 사역과 관련된 싸움이 아닌 경외심과 관련된 싸움에서 패배하고 있습니다.
124 위의 책, pp. 196, 201-202. 자녀를 올바르게 양육하려면 아이들의 마음을 목표로 삼아야 합니다. 자녀 양육은 경외심이라는 크고 중요한 원칙을 지향해야 합니다. 아이들에게 최선을 다해 하나님의 영광과 그분의 은혜를 일깨워 주어야만 하나님을 경외하는 마음이 그들을 사로잡을 수 있습니다. 모든 자녀는 두 가지 유혹을 받습니다. '자율성'과 '자기만족'입니다. 이 두 가지 모두 자기를 왕으로 삼는 것입니다.
125 위의 책, p. 164, 172. 많은 사람이 그리스도인을 자처하면서 이원화된 삶을 살아갑니다. 그들은 자신의 삶을 '실제 생활'과 '영적 생활'로 분리합니다. 그들의 믿음은 삶의 모든 것을 이끄는 원동력이 아니라 삶의 한 측면일 뿐입니다. 경이로우신 하나님을 세계의 중심에 세우는 올바른 세계관을 회복해야 합니다.
126 대한예수교장로회총회, 『총회 헌법』, p. 153.
127 황대식, 『좋은 권사 되게 하소서』, pp. 311-312.
128 위의 책, p. 317.
129 위의 책, p. 318.
130 이상원·이관직, 『삶이 묻다』 (서울: 도서출판 대서, 2016), p. 227.
131 황대식, 위의 책, p. 314.
132 이만규, 『권사, 그 영광스러운 직분』, pp. 166-167.
133 대한예수교장로회, 『총회 헌법』, p. 192. IV. 정치, 제21장 의회, 제2조 제직회.
134 위의 책.
135 위의 책, p. 163. IV. 정치, 제9장 당회, 제1조 당회의 조직. "당회는 노회의 파송을 받아 지교회를 담임하는 목사와 치리 장로로 조직하되 세례교인 25인 이상을 요하고(행 14:23; 딛 1:5) 장로의 증원도 이에 준한다."
136 위의 책, p. 192. IV. 정치, 제21장 의회, 제2조 제직회.
137 오정현, 『온전론』 (서울: 국제제자훈련원, 2023), pp. 370-371.
138 C. S. Lewis, *How to Be a Christian*, 윤종석 옮김, 『신자의 자리로』 (서울: 두란노, 2020), p. 77.
139 Gary Chapman, *The Five Love Languages*, 장동숙 옮김, 『5가지 사랑의 언어』 (서울: 생명의말씀사, 2003, 2판 1쇄), p. 32.
140 위의 책, p. 30.

141 Max Weber, *Die Protestantische Ethik und der Geist des Kapitalismus*, 박문재 옮김, 『프로테스탄트 윤리와 자본주의 정신』 (경기도 파주: 현대지성, 2020), p. 19.
142 위의 책, pp. 19-21.
143 위의 책, p. 23.
144 위의 책, p. 26.
145 Henry M. Morris *The Genesis Record* (Grand Rapids: Baker Book House, 1977), p. 393. If Eliezer was still living(Genesis 15:2), then he doubtless was the man.
146 (ed.) J. D. Douglas, *New Bible Dictionary* (Grand Rapids: Wm. B. Eerdmans Pub. Co., 1973), p. 910. Some scholars believe that the Onesimus known to Ignatius and described by him in his Epistle to the Ephesians as 'a man of inexpressible love and your bishop' was none other than the runway slave.
147 네덜란드 개신교 사상가인 아브라함 카이퍼 박사(1837-1920)는 19세기 후반과 20세기 초반 네덜란드에서 매우 영향력 있는 학자이자 목회자, 교육행정가였으며 언론인이자 정치가였습니다. 네덜란드 최초의 정당인 반혁명당과 암스테르담 자유대학교 그리고 개혁교회를 창설했습니다. 그는 10개의 머리와 100개의 손을 가진 사람이라고 불릴 만큼 천재적이고 위대한 사상가이자 실천가였습니다. 그의 사상은 일반은총론과 영역주권 사상으로 대표되며, 프랑스 혁명의 무신론 정신에 맞서 기독교 세계관에 입각한 반혁명적 정치 운동을 펼쳤습니다. 카이퍼 박사는 1837년 네덜란드의 항구 도시 마슬라위스에서 목회자의 아들로 태어났습니다. 1862년 25세에 레이던 대학에서 '존 칼빈과 존 알라스코의 교회론 비교연구'로 박사학위를 받았고, 1867년 위트레흐트교회에서 3년, 1870년 암스테르담 교회에서 4년간 목회했습니다. 1874년 37세에 하우다 지역에서 하원의원에 당선되었고, 1878년 41세에 반혁명당 당수가 되었으며, 1880년 43세에 암스테르담 자유대학을, 1892년에 네덜란드 개혁교회를 설립했습니다. 1901년 64세에 네덜란드 수상이 되어 1905년까지 국가경영의 책임을 다했고, 1916-1917년에 『반혁명국가학』(Antirevolutionaire Staatkunde)을 집필했습니다. 그리고 3년 후 1920년 83세에 헤이그에서 주님의 품에 안겼습니다.

148 Abraham Kuyper, *Antirevolutionaire Staatkunde*, 최용준·임경근 옮김, 『반혁명국가학』, 제1권 (서울: 국제제자훈련원, 2023) pp. 288-291.
149 대한예수교장로회총회는, '중보기도'라는 용어를 사용하지 않기로 결의하였습니다. 대신 도고기도를 사용하기로 했습니다. 이는 중보자는 예수님만이시기 때문입니다. 그러나 한국교회는 중보기도가 보편화되어 있습니다. 도고기도를 사용하기를 권합니다.
150 김홍만, 52주웨스트민스터소요리문답(서울: 생명의말씀사, 2017)을 권합니다.
151 웨인 그루뎀, 꼭 알아야 할 기독교 핵심진리 20(부흥과개혁사, 2022)의 일독을 권합니다.
152 2023년 말 한국의 일인 가구 수는 총 가구의 42%인 약 9.93백만 가구로 기록되었습니다. 이는 전년 대비 소폭 증가한 수치로, 전체 가구 수의 주요 성장 부문을 차지했습니다.
153 독노회란 하나의 노회라는 뜻으로, 총회가 구성되기 이전에 대한예수교장로회는 하나의 노회만 있었기에 그것을 독(獨)노회라고 부릅니다.
154 『대한예수교장로회 독노회록 PDF』, p. 178. 제4회 독노회록(1910년 9월 18일-9월 22일, 평북 선천군 염수동 예배당에서 개최)의 별지에 나옵니다. 권사에 대한 언급은 '2. 교회 인명수'에 나오는데, 교회 인명수에 있는 26개 항목 중 열 번째 항목에 "여 권사가 몇 사람이뇨"라고 묻고 있으므로 권사직이 그때에도 있었다는 것을 보여줍니다.
155 『대한예수교장로회 총회 회의록』, 제11권(1946-1956년, 32회-41회), p. 316.
156 김신일, "좋은 권사란 누구인가?" 『알깨바를 외치자』 (전주시: 홍디자인, 2021), p. 450.
157 대한예수교장로회총회, 『총회 헌법』, p. 153.
158 위의 책.
159 위의 책.
160 대한예수교장로회총회, 『새표준예배·예식서』 (서울: 대한예수교장로회총회, 2024), p. 96.
161 개혁신학의 광대한 내용을 기억하기 쉽도록 2023년 9월 총신대학교 신학과 및 신학대학원 보직 교수가 함께 요약한 것입니다.
162 R. C. Sproul, *Truths We Confess*, 이상웅·김찬영 공역, 『웨스트민스터 신앙

고백 해설』(서울: 부흥과개혁사, 2017), p. 7. 중요한 개혁신학자인 R. C. 스프로울은 이렇게 말했습니다. "나는 웨스트민스터 표준문서들이 지금까지 일종의 신조적 형식으로 제시된 성경적 기독교의 가장 명확하고 정확한 요약들이라고 주장하고자 합니다. 벨직 신앙고백서, 하이델베르크 교리문답, 스코틀랜드 신앙고백서와 그 이외의 다른 신앙고백서들과 같은 그러한 신조들도 매우 존중합니다. 그러나 어떤 역사적 신앙고백서도 그 표현과 위풍과 신학적 정확성에서 웨스트민스터 신앙고백서를 능가하지 못한다고 나는 판단하고 있습니다."

163 http://www.prayerguide.org.uk/actsmodel.htm#google_vignette One structure for prayer is given by the acronym "ACTS", representing adoration, confession, thanksgiving and supplication (or intercession.)
164 http://www.prayerguide.org.uk/actsmodel.htm#google_vignette
165 소재열,『교회 표준 회의법』(경기 고양: 브엘북스, 2019), pp. 93-98.
166 위의 책, pp. 113-118.
167 위의 책, p. 119.
168 위의 책, pp. 125-130.
169 위의 책, pp. 131-152.
170 위의 책, pp. 331-336.
171 위의 책, pp. 336-337.

저자 | 박성규 목사

총신대학교 기독교교육학과와 신학대학원을 졸업하고, 연세대학교 연합신학대학원에서 신학석사, 미국 풀러신학대학원에서 목회학박사 학위를 받았다. 내수동교회 대학부 전도사, 육군 군목, 미국 남가주사랑의교회 선임 부목사, 나성한미교회 담임목사, 부산 부전교회 담임목사를 역임했다. 현재는 총신대학교 제22대 총장으로 섬기고 있다. 저서로는 『챔피언』, 『믿음은 물러서지 않는다』, 『종교개혁의 핵심 가치』, 『벽 앞에서』, 『사도신경이 알고 싶다』, 『주님이 꿈꾸신 그 교회』, 『평신도훈련 성장반』, 『참된 장로』, 『참된 집사』, 공저로는 『종교개혁은 제자훈련으로 시작된다』, 『한국교회를 빛낸 칼빈주의자들』, 『격차의 시대, 격이 있는 교회와 목회』 등이 있다.

교회를 세우는
직분자 시리즈

참된 권사

초판 발행 2024년 4월 22일
초판 4 쇄 2025년 8월 29일

지 은 이 박성규
발   행 익투스
출판 감수 제108회기 출판부 임원(이규섭·이성배·배원식·강희섭)

기획 오은총
편집책임 조미에 **마케팅책임** 김경환
경영지원 임성은 **마케팅지원** 박경헌 김혜인
유통 박찬영 김승온 **제작·홍보** 안승찬 이윤지

주소 서울시 강남구 영동대로 330
전화 (02)559-5655~6 **팩스** (02)6940-9384
인터넷 서점 www.holyonebook.com
출판등록 제2005-000296호
ISBN 979-11-86783-55-9

ⓒ 2024, 익투스
* 잘못된 책은 바꾸어 드립니다.

값 16,000원